용의 후예
베트남의 신화와 전설

용의 후예
베트남의 신화와 전설

임진술

도서출판 지성人

머리말

　　올해는 우리나라가 베트남과 정식 수교를 맺은 지 20주년이 되는 해이다. 그동안 양국은 동반자 관계로서 경제, 문화, 사회 등의 각 분야에서 많은 성과와 발전을 거듭해 오고 있다. 특히 최근 5년간 베트남에 대한 한국기업의 투자규모가 5배나 증가할 정도로 양국의 관계가 급속도로 가까워지고 있다. 이는 베트남이 무한한 성장 잠재력을 가지고 있고 동남아시아의 중심에 위치해 있다는 지리적 이유가 있기도 하지만 더욱 중요한 것은 베트남인들이 쌀을 주식으로 하고 용의 신화를 믿으며 개고기나 뱀고기를 보신 음식으로 즐기고, 조상을 숭배하여 제사를 지내며, 부모와 스승, 그리고 연장자를 공경하고 흰 옷을 입는 풍습 등의 우리 문화와 유사한 정서가 우리에게 결코 낯설지 않은 나라로 여겨지기 때문일 것이다.

　　또한 베트남은 오랜 역사와 다양한 전통 문화를 자랑하고 있으며 우리나라의 역사처럼 오랜 세월 동안 끊임없이 외세의 침략에 맞서 싸워 온 것에 대해 국민들의 자긍심 또한 대단하다. 베트남인들은 스스로 자신들의 국민성을 근면, 성실, 인내, 친절, 용감

성으로 표현하기도 한다. 더욱이 중국으로부터 1000년, 프랑스로부터 98년간의 지배를 받다가 독립하게 되었다. 이후 우리에게 베트남 전쟁으로 잘 알려진 미국과의 8년간의 전쟁 끝에 남북을 통일로 이끌면서 그 어떠한 외세의 침략에도 결코 굴복하지 않는다는 강한 자부심을 가지게 되었다. 이러한 베트남의 역사적 상황은 우리나라가 반만년 동안 겪어왔던 질고의 세월과도 많은 유사성을 가지고 있다고 하겠다.

그동안 우리 학계에서도 베트남에 관한 연구가 다양하게 시도되어 왔다. 특히 경제 분야에서는 기업투자와 관련해 많은 전문가와 여러 관련 연구서적들이 등장하면서 베트남에 대한 일반인들의 시야를 넓혀 주었다. 하지만 이러한 연구물들은 주로 특정 분야에 국한된 연구이거나 학문적이고 전문적인 접근이 대부분이었다. 이에 일반인들이 베트남의 기원과 심층 문화를 이해하는 데는 어느 정도 한계를 지니고 있는 것이 또한 사실이었다.

이러한 현실을 염두에 두고 필자 나름대로 베트남의 신화와 전설을 정리해보고자 1996년부터 직접 베트남 땅을 밟으며 관련 자료를 수집했지만 언어적 문제와 시간적 제약은 현실적으로 가장 뛰어넘기 어려운 문제였다. 다행히도 베트남이 우리나라와 마찬가지로 유교문화권이라는 사실에 착안하여 자료를 찾다보니 신화와 전설에 관련된 한문 자료들을 발견할 수 있었다. 이를 토대로 여러 한문 서적에 흩어져 있던 이야기들을 하나씩 모아 이를 재구성하고 지속적으로 자료를 수집 보완하여 이 책을 펴 낼 수 있게 되었다.

이 책은 베트남 민족의 형성과 기원에 관련된 건국신화로부터 베트남인들의 신앙의식과 풍속에 이르기까지 다양하고 풍부한 내용을 다루고 있어 신화와 전설이라는 고대문학적인 측면뿐만 아니라 역사학, 인류학, 문화학, 민속학적인 측면에서도 중요한 문헌적 가치를 지니고 있다고 하겠다. 특히 베트남 민족이 중국 중심의 세계관에서 벗어나 자국 중심의 국가로 자리 잡아 나가는 역사적 과정이 신화와 전설이라는 독특한 문학적 서술형식으로 흥미진진하게 엮어져 있어 베트남 민족의 기원에 대한 유래와 풍속을 살펴볼 수 있는 귀중한 자료가 되고 있다.

이 책에서 다루어지는 주요 내용은 베트남의 옛 신화와 전설을 담고 있는 15세기의 『월전유령집越奠幽靈集』과 『영남척괴열전嶺南撫怪列傳』, 16세기의 『전기만록傳奇漫錄』과 18세기의 『전기신보傳奇新譜』 등의 한문소설 중에서 발취한 내용을 재구성하였다. 기이하고 환상적인 이야기 속에는 베트남 민족의 드높은 자주성과 현실 비판 의식 등 민족성과 전통문화, 풍속 등이 담겨 있어 베트남의 고전문학으로서 뿐만이 아니라 고유문화와 역사를 이해하는 귀중한 단서가 되리라 기대해 본다. 이는 같은 중국의 주변국으로서 유사한 역사와 문화를 가진 우리나라와 베트남, 양국의 비슷한 처지에서 오는 공감과도 같은 것으로 베트남의 역사와 생활문화, 그리고 그들의 독특한 사상을 이해할 수 있는 기본적인 역사 기록이자 또 다른 문학으로서의 가치를 지닌다고 하겠다.

끝으로 이 책이 베트남에 관심 있는 모든 분들께 다소나마 도움이 되었으면 하는 바람과 함께 이 책의 교정을 맡아 수고해 준 아내 김소정과 윤문에 애써 주신 이종선 선생, 그리고 자료 수집과 번역에 도움을 주신 김미랑 교수께 감사의 마음을 전한다. 아울러 수교 20주년을 맞아 양국이 함께 경제, 문화, 사회 등 모든 분야에서 동반자로 나아갈 수 있도록 우리나라 국민들의 많은 관심을 기대해본다.

2014년 3월 10일

임진호

베트남의 역사

　베트남의 역사는 일반적으로 BC 200년경 베트남어를 쓰는 남베트(Nam Viet, 南越)라는 독립 왕국을 세우면서 시작되었다고 하는데, 그 오랜 시간만큼이나 베트남의 역사는 풍부한 신화와 전설적 색채를 띠고 있어 흥미로움을 더해준다.

　무경武瓊의 『영남척괴열전嶺南摭怪列傳』과 오사련吳士連의 『대월사기전서大越史記全書』에 의하면, 염제炎帝의 3대손 제명帝明이 남순하여 오령五嶺에 이르렀는데, 그 곳에서 선녀를 취하여 아들을 낳으니 그가 바로 경양왕涇陽王이 되었으며, 경양왕의 아들 숭람崇纜 역시 선녀와 결혼하여 100명의 아들을 낳고 후에 백월국을 건립하였다고 한다. 숭람과 선녀가 오래지 않아 서로 떨어져 살게 되면서 숭람이 50명의 아들을 데리고 해안가로 이주하였고, 나머지 50명의 아들은 어머니 선녀를 따라 깊은 산 속으로 옮겨가 살게 되었다고 한다. 후에 숭람의 아들 웅왕雄王이 문랑국文郎國을 건립하게 됨으로써 베트남 최초의 왕조가 탄생하게 되었다고 한다.

　B.C 111년 베트남은 중국 한漢나라의 공격을 받아 점령당한 이후 1,000여 년간 한나라의 통치 아래 놓이는 상황에 처하게 되었다. 당시 한나라에서는 이 지역의 이름을 교지交趾라고 부르고 관리를 파견하여 한나라의 언어와 정치조직, 그리고 음악, 예술, 복식 등을 전파하였다.

　B.C 39년 베트남의 정이征貳자매가 한나라의 지배에 대해 반기를 든 이래 당나라 말기까지 끊임없이 투쟁을 벌였으며, 그 결과 938년에 이르러 오권吳權이 중국의 세력을 몰아내고 독립 왕조를

세웠다. 그러나 오권 사후, 혼란 국면에 빠져든 베트남은 다시 몇 차례 새로운 왕조가 교체 되는 상황 속에서 11세기 초에 하노이가 처음으로 베트남 왕조의 수도로 자리 잡게 되었다.

1164년 중국의 남송 왕조는 베트남을 안남국安南國으로 칭하고 려黎왕조의 왕을 안남국왕으로 책봉하여 베트남이 독립국임을 처음으로 인정하였다. 1175년 베트남 최초로 유가사상을 교육하는 학교가 세워졌으며, 이와 동시에 불교사상 역시 점차 베트남인들의 신앙과 생활 속으로 깊이 파고들게 되었다. 이 시기에 사용된 베트남인들의 문자는 한자를 토대로 발전한 문자 체계를 사용하였으며, 정치적으로는 남하정책을 추진하여 영토를 새롭게 넓혔다. 그러나 몽골의 등장으로 베트남은 1258년, 1285년, 1288년 등 모두 3차례에 걸쳐 몽골의 침략을 받았다.

이후 베트남은 호胡왕조 시기인 1407년에 명나라에 복속되어 18년간의 지배를 받다가 1428년에 다시 독립을 쟁취하여 1776년까지 큰 분쟁 없이 발전하였다. 이 시기에 베트남 왕조는 유가의 이념과 과거제도를 통해 인재를 선발하고 통치제도를 완성하였으며, 문학은 물론 음악과 예술 등의 각 분야에서도 커다란 성취를 이룩하였다.

하지만 16세기에 이르러 베트남 왕조는 내분으로 인해 남과 북의 두 왕조로 분리되어 유지되다가 1788년에 마침내 200년간 지속되어오던 분열의 종지부를 찍게 되었다.

베트남은 19세기 지리상의 발견 이후 선교와 상업적 목적을 띤 서구 열강의 식민지 시대로 접어들게 되고 1954년 7월 제네바 협정이 맺어지기까지 약 100년 동안 독립을 이루기 위해 프랑스와 투쟁을 벌였으며, 이후 중국의 장개석에 대한 지원을 차단하고 인도차이나의 자원을 확보하기 위해 침략한 일본 및 도미노이론에 근거하여 1954년 제네바 협정을 무시하고 전쟁을 일으킨 미국과도 투쟁을 벌였다. 1975년 북베트남의 군대가 호치민시에 진입하면서 남베트남 정부는 막을 내리게 되었고, 그 이듬해 7월 2일에 베트남 사회주의공화국이 정식으로 성립되어 오늘에 이르고 있다.

베트남 민족의 기원

베트남은 지리적으로 대륙과 해양을 잇는 반도국가인 까닭에 옛부터 다양한 문화와 민족이 접촉했던 곳으로 수천 년이 넘는 역사 속에서 다민족, 다문화의 특징을 낳는 요인이 되었다. 통계에 의하면 베트남 민족은 54개의 민족으로 이루어져 있으며, 이 가운데 대다수를 차지하는 민족은 베트남족으로 전체 인구의 83% 이상을 점하고 있으며, 베트남 인구의 17%를 차지하고 있는 따이족과 같이 100만이 넘는 민족이 있는가 하면 뿌빼오, 브러우, 러만족처럼 500명도 안 되는 민족도 있다.

베트남의 민족 기원에 대하여 인류학, 인종학, 언어학, 역사학, 신화학 등 여러 가지 가설이 언급되고 있지만 이 가운데 주목할 만한 주장은 다음과 같다.

첫째, 베트남 민족은 중국의 서장과 운남 지역에서 홍강을 따라 북월 고원지역으로 남하한 타이라몽고족에 속한다는 주장이다.

둘째, 베트남의 선조는 중국 호남성에서 내려와 홍강 고원지역에 자리 잡은 교지交阯사람들로써 이들은 백월족百越族이라고도 한다.

셋째, 일부 인종학자들은 유골이나 베트남 선조들이 사용했던 선사시대 도구들에 근거하여 베트남의 민족 기원은 멜라네-인도네시아족이 혼합된 민족이라고 한다.

넷째, 베트남 사회과학원에서 출판한 역사 교과서에 의하면 베트남인은 남방 몽고계 민족이며 언어학적으로는 캄보디아의 크메르어와 미얀마의 몬어 등과 계통이 같은 남아시아어족에 속한다고 한다.

베트남 민족의 특징과 언어

베트남인들의 특징은 황인종이지만 무덥고 습한 기후로 인해 갈색을 띠는 피부를 가지고 있다. 신장은 대체로 160cm 정도로 크지 않아 왜소해 보이는 체구를 가지고 있다. 얼굴은 갸름하고 작은 편이고 머리카락은 검고 곧으며 대부분 짙은 눈썹에 쌍꺼풀을 가지고 있고 눈이 크고 코가 낮은 편이다. 과거에는 일반적으로 남녀 모두 머리를 길러 상투를 틀거나 머리를 땋아 천으로 묶은 다음 머리 위로 감아 올려 모자처럼 썼으며, 간혹 머리를 짧게 자른 남자도 있었으나 요즘은 서구의 영향으로 남자들은 머리를 짧게 자르고 여자들은 머리를 길게 기른다. 또한 예전에는 치아를 검게 물들이는 것을 아름답다고 여겨 성인 남녀가 치아를 검게 물들였으나 지금은 이러한 풍속이 사라지고 간혹 노인들에게서 검은 치아를 찾아 볼 수 있다.

베트남인들은 대체로 손과 발이 작지만 손 기술이 뛰어나고 총명하다고 일컬어지는 한편, 성격이 급하고 인내심이 부족해 쉽게 다투는 성향이 있다고 한다. 또한 베트남인들은 사적이든 공적이든 일단 어떠한 명분이 주어지면 그 명분을 위해 최선을 다한다고도 하는데, 이 명분이 사적으로 표현될 때는 가족과 친족 중심으로 나타나며, 공적으로 나타날 때는 국가와 민족을 위해 무서운 공동체성을 발휘한다고 한다. 이러한 성격으로 인해 일상생활에서는 우유부단하고 화합이 잘 안 되는 것처럼 보이지만 큰 재난 앞에서는 사심을 버리고 자신의 희생을 감내하는 민족성을 보여준다.

베트남인들은 일찍부터 중국에서 유입된 유교사상으로 인해 효와 예를 기본 덕목으로 삼아 개인보다는 가족을 중심으로 하는 가부장적 사회가 발달하였고, 유교의 유입으로 시행된 과거제도의 영향으로 관료주의적 성격이 강한 문화를 가지게 되었으며, 신앙심이 깊어 조상숭배와 더불어 토착화된 불교를 탄생시키기도 하였다.

베트남어는 인도차이나반도에 속한 8300만 명에 이르는 베트남인들이 사용하는 언어로써 여기서 베트남인이란 넓은 의미로는 전체 민족을 구성하고 있는 54개 민족 모두를 지칭하며, 좁은 의미로는 그 가운데 다수를 차지하고 있는 경족京族을 일컫는다. 물론 이들을 제외한 소수민족 역시 자신들의 언어를 가지고 있지만 국민의 절대 다수가 사용하고 있는 경족의 언어가 현재 베트남인들의 공용어로써 통용되고 있다.

베트남은 지리적으로 중국과 국경을 접하고 있어서 중국 문화의 영향을 많이 받았는데, 이러한 특징은 베트남의 언어에서도 찾아 볼 수 있다. 베트남은 문자가 없었던 관계로 오랫동안 중국의 한자를 사용하였고, 후에 한자를 차용하여 "쯔놈"이라는 문자를 만들어 사용하였기 때문에 베트남의 명사 중 상당수가 중국의 한자에 기반을 두고 있다.

베트남어의 창제는 베트남에서 복음을 전파했던 프랑스인 알렉산드르 드 로드(Alexandre de Rhodes) 신부에 의해서 17세기에 만들어졌으나 베트남인들의 한문 숭배사상에 밀려 오랫동안 경시되어 오다가 프랑스가 베트남을 식민지화한 후 과거시험을 폐지하고 베트남어를 공문서에 사용하며 학교에서 정식과목으로 가르치도록 함으로써 베트남인들에게 전파되어 널리 사용하게 되었다.

목 차

머리말   5

제 1 부 창조

천지의 창조   21
인류의 탄생   23
인류의 기원   26
천지의 개벽   45
인류의 조상 사상과 여와   56
인류를 창조한 여신들   59
여덟 개의 호박과 인류의 탄생   61
뱀과 인간   63
동물의 창조   65
생명을 주관하는 남조신과 북두신   68
인류의 시조 곤과 고   70

제 2 부 자연

산의 정령과 물의 정령   75
바다의 신   78
해와 달을 주관하는 두 여신   79
뇌공신   82
바람의 신   84

불의 신	86
토지신	88
고산대왕	94
천신 제류와 홍수	97
볍씨와 소가 된 천신	100
벌을 받고 소가 된 천신	103
민 처녀가 몰고 온 추위	106
천제와 두꺼비의 담판	108
우문의 용 선발	114
물고기 정령	119
여우의 정령	123
나무의 정령	126
산원산의 신	129

제 3 부 민 족

아매와 아오	135
인류의 이주	141
부엌신 조왕	143
천제의 딸 직녀	147
저승의 왕 염라	152
문랑국과 열국	154
요족의 기원	157
인류의 언어와 묘족의 이주	160
대홍수와 인류	162
용녀와 어부의 사랑	164

순임금과 남월의 선조   166
달 속의 거짓말쟁이   168

제 4 부 영웅

락롱꿘   177
달로 간 아근   179
난폭대왕과 천둥신   183
용의 후손 맥용군   188
문랑국의 왕 웅왕   196
은나라의 침략을 물리친 동천왕   198
용궁을 불태운 이위   203
공강의 신 아공   205
꼬리 없는 용왕의 유배   208
구락국의 안양왕과 금거북   211

찾아보기   221

제 1 부

창 조

◆

◆

천지의 창조
인류의 탄생
인류의 기원
천지의 개벽
인류의 조상 사상과 여와
인류를 창조한 여신들
여덟 개의 호박과 인류의 탄생
뱀과 인간
동물의 창조
생명을 주관하는 남조신과 북두신
인류의 시조 곤과 고

천지의 창조

　　옛날 옛적 만물과 사람이 있기 전, 하늘과 땅이 나누어지지 않고 사방은 온통 혼탁한 암흑과 적막함으로 둘러싸여 있었는데, 어느 날 갑자기 거인이 하나 출현하였다. 그는 형용할 수 없을 정도로 커서 한 걸음에 아주 먼 거리를 건너 뛰어넘을 수 있었다.

　　거인은 이 혼탁한 암흑세계 속에서 얼마나 오랜 세월 동안 생활을 했는지 모르지만, 어느 날 갑자기 벌떡 일어나 머리로 하늘을 이고 손으로는 땅에서 돌을 캐내 돌기둥을 쌓아올려서 하늘을 떠받쳤다. 돌기둥을 높이 쌓을수록 거대한 장막이 걷히듯 빛이 들어와 환해졌고 하늘은 조금씩 높아졌다. 거인이 끊임없이 흙 속에서 돌을 파내어 쌓자 기둥은 계속 위로 높아져 갔고 하늘은 돌기둥에 의해 점점 높아져 지금의 하늘 높이가 되었다.

　　이로부터 하늘과 땅이 비로소 나누어지기 시작하였다. 대지는 평평하여 마치 하나의 거대한 네모난 접시처럼 되었고, 하늘은 마치 엎어놓은 사발모양 같은 모습이 되었다. 하늘과 땅이 맞닿은 곳은 하늘의 끝과 땅 끝이 되었다. 하늘이 적당한 높이까지 올라가 단단하게 굳어지기 시작할 때 거인은 하늘을 받치고 있던 돌기둥을 밀어서 넘어뜨리고 무너져 내린 진흙과 돌덩어리들을 사방으로 집어던졌다. 거대한 돌덩어리들은 땅에 떨어져 산봉우리와 섬으로 변하였으며, 땅에 떨어진 진흙은 언덕과 고원이 되었다. 이로부터 평평한 대지에 높고 낮은 산악지역과 언덕, 고원이 생기게 되었고, 거인이 흙과 돌을 퍼낸 후에 생긴 커다란 큰 구덩이는 지금의 바다가 되었다.

사람들은 훗날 지금 해양海陽[1] 지역에 위치한 석문산石門山이 바로 당시 하늘을 떠받쳤던 돌기둥의 유적이라고 여겨 이 곳을 "천주산天柱山", "공로산空路産" 혹은 "거인산巨人山"이라고 부른다.

100거인은 천지간의 모든 사물을 주관하는 천제가 되었다. 천제가 하늘과 땅을 갈라놓은 후에 다른 천신들이 천지의 만물을 창조해 놓았다.

베트남에 지금까지 아주 오래된 노래 하나가 전해오고 있다.

    어떤 신이 모래를 만들었고,
    어떤 신이 바다를 만들었네.
    어떤 신이 별을 매달았으며,
    어떤 신이 강을 만들었네.
    어떤 신이 나무를 심었으며,
    어떤 신이 산을 쌓았다네.
    천제는 모든 신의 으뜸이라네.

---

1) 지금의 하남河南과 해방海防지역 중간에 위치하고 있다.

인류의 탄생

　　태고 적에 대지는 어두컴컴하고 관목과 잡초가 우거졌으며 산과 바위들이 들쭉날쭉하였다. 그리고 늪과 수렁은 검은 색 거품을 토해내며 끊임없이 악취를 뿜어내었다. 그때 대지 위에는 어떠한 동물도 없었기 때문에 날마다 높은 산에서 산 아래 수풀을 향해 때로는 크게, 때로는 작게 부는 바람소리 이외에는 그 어떠한 소리도 들리지 않고 황량하고 적막하기만 하였다.

　　천신 결나(傑那)는 적막하고 황량한 대지를 보고 어떻게 하면 대지를 활기차게 만들 수 있을까 고민하다가 생명체를 만들기로 결정하였다. 천신은 토질이 부드러운 지역을 찾아 동쪽에서 흙을 퍼서 서쪽으로 옮겨 놓고 진흙을 이겨 사람을 빚는 일에 몰두하기 시작하였다.

　　꼬박 하루 동안 진흙을 빚어 사람을 만들었지만 해가 질 무렵이 되어서도 겨우 절반 밖에 만들지 못했다. 결나는 날이 점점 어두워져 아무것도 보이지 않게 되자 어쩔 수 없이 일손을 멈추고 돌아가 쉬고 다음날 다시 사람을 만들기로 하였다.

　　이날 밤 토지신이 땅속에서 솟아나왔다. 그는 결나가 자신의 진흙을 가져다 사람을 만들면서도 사전에 자신에게 허락을 받지 않은 일에 대해 매우 화가 났다. 그래서 그는 걸나가 하루 종일 고생해서 반쯤 완성한 사람을 제멋대로 깨뜨리고 땅속으로 사라져 버렸다.

이튿날 걸나가 계속해서 사람을 만들려고 보니 어제 빚어 놓았던 것이 모두 깨어져 있어 매우 이상하게 생각하였다. 하지만 다른 방법이 없었기 때문에 다시 진흙을 빚어 사람을 만들기 시작하였다. 걸나가 비록 어제보다 작업을 빨리 하였으나 여전히 어제와 마찬가지로 흙으로 사람을 다 빚기 전에 날이 어두워지고 말았다. 걸나는 일손을 멈추고 돌아가 쉬었다가 다음날 다시 사람을 만들려고 생각하였다.

밤이 되자 토지신이 또 땅 속에서 나와 걸나가 만든 흙으로 빚어 만든 사람을 전부 깨뜨려 버렸다.

이튿날 날이 밝자마자 걸나는 자기가 어제 흙으로 빚은 사람이 이미 한 무더기의 진흙으로 변한 것을 발견하고는 애석하기도 하고 또 화가 나기도 하였다. 하지만 어쩔 수 없이 또다시 진흙을 빚어 사람을 만들기 시작하였다. 걸나는 이미 두 번이나 실패했지만 그래도 낙심하지 않았다. 하지만 이와 같이 연속해서 이틀 동안 같은 일이 벌어지자 걸나는 몹시 화가 났다. 그래서 밤에 몰래 숨어서 도대체 누가 이런 짓을 하는지 살펴보기로 하였다.

이날도 흙으로 사람을 다 빚지 못 했는데 날이 저물고 말았다. 걸나는 하던 일을 멈추고는 집으로 돌아가지 않고 숨을 만한 곳을 찾아 몸을 숨기고 있었다.

한밤중이 되자 토지신이 또 나타났다. 토지신이 흙으로 빚어 만든 사람을 부수려고 하는 순간 걸나가 뛰어나와 토지신의 손을 잡으며 말했다.

"나 천신 걸나가 지금 사람을 창조하고 있는 중인데, 그대는 어찌하여 이런 일을 저지른단 말인가?"

토지신은 몹시 화를 내며 걸나에게 반문하였다.

"당신이 사람을 창조하려고 하는 것은 반대하지 않습니다. 그렇지만 당신이 내 땅의 흙을 쓰면서 어째서 제 동의를 구하지 않는 겁니까?"

천신과 토지신이 한참동안 옥신각신하며 서로 양보하려 들지 않았다. 그러나 결국 토지신도 대지 위에 당연히 사람이 살아야지 예전처럼 그렇게 황량하게 내버려 두어서는 안 된다는 천신의 생각에 동의하였다. 그래서 토지신은 천신 걸나가 사람을 창조하는 일에 동의를 하고 흙으로 빚은 사람에게 생명을 불어 넣어주었다. 그렇지만 토지신은 걸나에게 이번 한번만 토지를 사용할 수 있는 기회를 주었으며, 여기에 또 하나의 규정을 덧붙였다. 즉 걸나가 이번에 흙을 사용하고 나서 매 60년마다 일부분을 돌려줄 것을 요구하였다. 걸나는 별다른 방법이 없어 동의를 하는 수밖에 없었다.

이리하여 오늘날 대지 위에 사람이 살게 되었으며, 사람의 평균 수명 역시 60년이 된 것이다. 사람이 60년을 살고 난 다음에 몸은 진흙으로 변해 대지로 돌아가게 된다.

인류의 기원

아주 오랜 옛날, 한 높은 산 위에 동물의 말을 알아들을 수 있는 삼 형제가 살고 있었다. 어느 날 삼 형제가 시냇가에서 청개구리를 한 광주리 잡아 가지고 돌아오는 길에 많은 물고기와 우렁이도 함께 잡아서 돌아왔다. 물고기와 우렁이가 잡히는 덕에 청개구리들은 다행히도 바로 죽는 것을 면할 수 있었다. 그래서 청개구리들은 아주 작은 광주리에 갇히게 되었고 시간이 지나자 내리눌려 숨조차 쉴 수 없게 되었다. 그 중에서 청개구리 한 마리가 참지 못하고 소리를 질렀다. 그러자 옆에 있던 개구리가 귀찮다는 듯이 말했다.

"웬 수선이야! 그렇게 즐겁니? 내일 가죽이 벗겨져 잡아 먹힐텐데 너는 그게 그렇게 좋단 말이냐?."

늙은 개구리가 말했다.

"정말 불쌍하네, 그저 죽을 수밖에 없다니!"

암컷 청개구리가 작은 소리로 중얼거리며 말했다.

"우리 개구리들은 정말 불행해! 누런 두꺼비들은 운이 얼마나 좋은가 몰라!"

또 다른 청개구리가 분노에 떨며 말했다.

"인간들은 너무 악해! 결국 그들은 심판을 받게 될 거야. 그날이 오면 우리 모두 함께 인간들을 고발하도록 하자."

삼 형제는 침대 위에 누워서 광주리 속의 청개구리들이 나누는 대화를 듣고 매우 이상한 생각이 들었다. 이튿날 삼 형제는 청개구리를 죽이지 않고 그들이 또 무슨 이야기를 하나 들었다. 이 날 청개구리들은 서로 눌려 제대로 숨도 쉬지 못하고 힘이 들어 소리를 질러댔다.

또 하룻밤이 지나갔으나 청개구리들은 여전히 잡아먹히지 않고 살아 있었다. 그들은 아직 죽지 않고 살아 있어 그나마 다행스럽게 생각했지만 자신들의 운명에 대한 걱정을 떨쳐버릴 수가 없었다. 날이 밝자 암컷 청개구리가 삼 형제 가운데 큰 형이 안뜰을 걸어가는 것을 보고 그에게 물었다.

"너희 삼형제는 왜 우리를 죽이지 않는 지? 도대체 무엇을 기다리고 있는 거야?"

큰 형이 말했다.

"동물들의 회의가 곧 열린다고 하던데, 만일 너희들이 회의에 관한 일을 말해주면 내가 너희들을 살려주도록 할게."

청개구리들이 죽이지 않는다는 말을 듣고 기뻐서 너도나도 시끄럽게 떠들어댔다. 큰 청개구리 한 마리가 말했다.

"내일 회의가 열리니 우리를 따라오면 돼."

삼 형제는 반신반의하며 말했다.

"좋아. 너희들을 모두 놓아주도록 할게. 하지만 너희들 우두머리는 남아서 우리에게 길을 안내해 줘야 해."

우두머리 청개구리는 즉시 동의를 하면서 말했다.

"그래, 내가 남을게. 이번 회의는 인류를 고발하는 것이 주요 내용이야. 너희 세 사람은 몸집이 너무 커서 눈에 띄기 쉬울테니 너희들 중에서 한 사람만 몰래 나와 가는 게 좋을 거야."

큰 형이 생각해 보니 청개구리의 말이 일리가 있었다. 그래서 두 형제를 집에 남아 있도록 하고 몸을 보호할 무기를 준비한 다음 혼자서 우두머리 청개구리의 뒤를 따라갔다. 청개구리는 큰 형을 데리고 시냇물을 건너 헤아릴 수 없이 많은 숲을 지나 거대한 밀림이 있는 곳에 멈추어 서서 말했다.

"동물들이 곧 이 곳에 도착 할 거야. 그러니 너는 저 큰 나무 위에 올라가 몸을 숨기고 있어. 그렇지 않으면 동물들이 너를 발견하고 갈기갈기 찢어 놓을 거야."

큰 형은 청개구리에게 꼬임에 빠질까 두려워 청개구리를 데리고 함께 나무 위로 올라갔다. 큰 형이 나무의 높은 곳에 있는 커다란 나무구멍을 발견하고 그 곳에 청개구리와 함께 들어가 숨었다. 큰 형은 나무 구멍에 숨어서 머리만 내밀고 몰래 아래를 내려다보고 있었다. 석양이 질 무렵이 되자 밀림의 여기저기에서 떠들썩한 소리가 들려왔다. 그는 눈을 크게 뜨고 아래를 내려다보니 코끼리·호랑이·곰·멧돼지, 그리고 다람쥐·토끼·물고기·개미 등이 모두 그가 숨어 있는 큰 나무를 향해 모여 들고 있었다.

호랑이가 으르렁거리며 말했다.

"나는 인류를 고발하고자 합니다. 동물의 왕인 나를 감히 인류가 잡아 죽이는데 다른 동물들은 안전하겠습니까?"

회의장은 순식간에 시끄러워지며 동물들이 서로 다투어 발언을 하려고 하였다.

"인류가 대왕을 죽이려 하는 것은 대왕께서 인류가 사는 곳에 가서 닭이나 돼지를 잡아먹는 것을 좋아하시기 때문입니다."
"게다가 대왕께서는 인류의 소마저도 잡아먹지 않습니까!"
"대왕은 인류도 잡아먹는데, 인류가 어찌 대왕을 죽이지 않겠습니까?"

모든 동물들이 큰 소리로 외쳤다.

"인류가 호랑이를 죽이는 것은 당연한 일이다!"

"옳소!"

호랑이는 동물들이 모두 이렇게 말하자 큰 소리를 한번 지르고는 한쪽 구석으로 가서 쪼그리고 앉았다.

이때 사슴이 발언을 했다.

"대왕께서는 인류를 침범했습니다만 제가 누구를 해쳤겠습니까! 저는 매일 여기저기 다니며 나뭇잎과 풀로 배를 채우기만 하는데도 인간은 저를 잡거나 죽이려 듭니다. 이것은 도대체 왜 그렇습니까?"

회의장에 한바탕 웃음소리가 울려 퍼졌다.

"너는 나뭇잎과 풀만 먹는다고 하지만 사실은 인류가 심어놓은 농작물도 먹지 않니? 그러니 인류가 너를 죽이는 것은 농작물을 보호하려고 하는 것이지. 그렇지 않으면 인류는 굶어 죽고 말거야."

사슴은 모든 동물들이 자신을 질책하는 소리를 듣고는 심장이 쿵쿵 뛰어 더 이상 회의장에서 발언하고 싶은 마음이 없어졌다.

이번에는 개미가 수염을 움직이며 말했다.

"내 몸은 작고 너희들 몸은 크니까 당연히 너희들이

가서 인류를 모두 죽여야 해. 우린 아무 죄가 없는데도 인류는 늘 우리 집을 부숴버리고 개미알을 가져가 먹어버리니 우리야말로 정말 불쌍하다구!"

개미의 발언이 일리 있는 것처럼 들렸기 때문에 다른 동물들은 한참동안 아무 말도 하지 못 했다. 그래서 회의장이 잠시 조용해졌다. 사실대로 말해서 어느 동물이 개미의 수보다 많겠는가! 게다가 인간에게 죽은 개미의 수가 그 어떤 동물보다 많기 때문에 운명도 역시 가장 비참하다고 할 수 있지 않겠는가! 인류는 나무가지에 불을 붙여 연기를 쏘이거나 불로 태워 수천수만 마리의 개미들을 무더기로 죽여버린다. 그리고 개미를 죽인 후 개미집을 가져가 수천수만 마리의 개미알을 먹어치운다. 이때 회의장에서 한바탕 논의하는 소리가 들리더니 한 무리의 원숭이가 키득키득 웃으며 말을 시작하였다.

"우리가 보기에 개미를 죽이는 것은 결코 지나치지 않다고 봅니다. 개미들은 항상 무리를 지어 움직이며, 누구든 개미 근처만 가면 입으로 물어버립니다. 그들은 인류의 논밭에 가서 잘 익은 벼의 낟알을 집으로 가져가 배불리 먹은 후에 저장해 둡니다. 그렇기 때문에 개미들이 죄를 받는 것은 당연한 일입니다."

개미는 원숭이의 말을 듣고 급히 회의장에서 물러나 큰 나무 위에 올라가서 숨을 만한 나뭇가지를 찾아 둥지를 만들고 인간의 손길을 피해 숨었다.

물고기가 발언을 하였다.

"인류는 육지에 살면서 영역을 넓히기 위해 동물들과 자주 충돌이 일어나 서로 잔혹하게 죽입니다. 그런데 우리는 물속에 살기 때문에 인류의 길을 막지도 않으며 인류의 농작물도 훼손하지 않는데 왜 인류가 그물로 우리를 잡아 죽이는지 모르겠습니다. 인류가 우리에게 너무 지나치게 대합니다!"

두꺼비가 물고기의 말을 듣고 웃으며 말했다.

"인류가 너희들을 잡아 죽이는 것은 당연하다고. 인류는 곡식과 여러 가지 과일을 먹을 뿐만 아니라 물도 마셔야 해. 그리고 사람들은 깨끗한 물을 마시는 것을 좋아하지. 설마 너희들은 사람들이 항상 강가에서 수영을 하거나 물 뜨는 것을 보지 못한 것은 아니겠지? 그런데 너희 물고기들이 물속에 마음대로 대소변을 배출하여 물을 더럽히니, 사람들이 물의 청결함을 유지하기 위해 너희들을 잡아 죽이는 거야. 게다가 너희들의 고기는 아주 맛이 있잖아! 그러나 내가 인류를 고발하는 것은 인류가 감히 우리 양서류를 해치기 때문이지. 우리 양서류는 인류에게 해를 끼치지 않을 뿐만 아니라 오히려 인류를 도와준다고. 비가 오려고 하면 우리가 인류에게 그 소식을 전해주며, 인류가 거주하는 높은 가옥 아래에 파리와 모기가 들끓는데, 우리가 그들을 잡아준단 말이야. 우리는 일생동안 어두운 구석에서 생활할 뿐만 아니라 산란할 때도 인류가 필요로 하지 않는 물웅덩이에 가서 해. 우리는 이렇게 인류를 도와주는데도 인류는 우리의 고기를 먹으려고 한다고. 너희들에게 말해 주겠어! 하늘에서 곧 큰 비가 내려 땅 위에 큰 홍수가 나면 세상의 모든 것이 물에 잠겨 버리고 말거야. 지금 수신水神이 마침 천제를 알현하기 위해 갔으니 너희들은 재빨리 피할만한 곳을 찾거나 혹은 물에 뜨는 물건을 몸에 준비하도록 해. 이번에는 사람들에게 꽥꽥 소리쳐 이 소식을 알려 주지 않고 모두 물에 빠져 죽게 내버려 둘 생각이야."

동물들은 홍수가 난다는 말을 듣고 모두 허둥대며 분분히 사방으로 흩어져 도망가느라 더 이상 인류를 고발할 생각도 할 수 없었다.

큰 형은 나무 위에서 동물의 이야기를 듣고 온 몸에 땀이 나는 것을 금할 수 없었다. 그는 청개구리에게 물었다.

"청개구리야, 이번에 어떻게 해야 홍수 피해를 면할 수 있을까?"

청개구리가 말했다.

"돌아가서 바나나 나무줄기로 뗏목을 만드는데, 크면 클수록 좋아. 미리 충분한 양식과 불씨를 위에 실어 놓았다가 홍수가 날 때 뗏목을 띄우면 된다고. 물이 불어나면 뗏목도 높아졌다가 물이 빠지면 뗏목도 낮아질 것이니 아무 일도 없을 거야."

큰 형은 청개구리의 말을 머릿속에 기억해 두고 우두머리 청개구리를 놓아준 뒤에 단숨에 달려 집으로 돌아와 동생들에게 바나나 나무 뗏목을 준비하도록 하였다.

과연 십 일 후에 광풍이 불면서 검은 구름이 하늘을 뒤덮고 천둥이 치고 번개가 번쩍이면서 큰 비가 하늘에서 쏟아지기 시작하였다. 7일 밤낮동안 큰 비가 내려 대지 위의 모든 생명체들이 물에 떠내려가거나 익사하였다. 삼형제가 탄 뗏목은 불어나는 물을 따라 계속하여 위로 올라갔다.

비가 막 그치자 머리가 큰 새우 한 마리가 물에서 삼 형제가 탄 뗏목 위로 뛰어 올랐다. 큰 형이 새우를 잡아 불에 구우려고 했는데 불씨가 이미 꺼져 있었다. 큰 형이 고개를 들어보니 태양이 마침 화염을 내뿜고 있는 것이 보였다. 즉시 두 형제에게 뗏목을 젓도록 하였다. 그는 바로 태양이 내뿜는 불을 빌려 새우를 구울 생각이었다.

뗏목이 태양에 도착하자 큰 형이 새우를 들고 부뚜막에 가서 구우려고 하는데, 태양의 딸이 마침 거기에 앉아서 검고 윤기가 흐르는 머리카락으로 베를 짜고 있었다. 태양의 딸은 매우 아름다웠다. 큰 형은 그녀를 보자마자 정신이 팔려 눈도 깜빡거리지 못하였다. 그 바람에 그는 불 위에 올려놓은 새우가 불에 타서 숯이 되는지도 몰랐다.

새우 타는 냄새가 코를 찌르자 큰 형은 비로소 자기가 새우를 굽고 있다는 생각이 떠올랐다. 그는 황급하게 손발을 놀려 살펴보았으나 새우는 이미 숯이 되어버렸고, 뗏목은 물을 따라 아래로 내려가고 있었다. 이렇게 하여 큰 형은 태양에 남게 되었다. 후에 큰 형은 태양신이 되어 손에 타버린 새우를 들고 매일 인간세상을 내려다본다고 한다. 오늘날 태양에 보이는 검은 흑점이 바로 당시에 큰 형이 검게 태운 새우의 그림자라고 한다.

두 동생은 물이 빠지기 시작하자 급히 큰 형에게 돌아오라고 소리를 쳤으나 아무런 대답도 들려오지 않았다. 물이 점점 낮아질수록 두 동생은 안절부절 했지만 어쩔 수 없이 낮아지는 수위를 따라 지상으로 돌아오는 수밖에 없었다. 큰 형 한 사람만을 태양에 남겨두고 지상으로 돌아온 두 동생은 그동안 대지 위에 쌓여 있던 진흙과 작은 돌들마저 모두 홍수에 씻겨 없어지고 큰 바위만 남아 있는 것을 발견하자 더욱 상심하여 울기 시작하였다.

"흙이 없으면 어떻게 농사를 짓는단 말인가! 농사를
짓지 못하면 바로 굶어 죽어 버리고 말텐데!"

두 동생의 우는 소리가 마침 태양에 있는 형의 귀에까지 들렸다. 이때 큰 형은 태양의 딸과 결혼하여 태양신이 되어 있었다. 큰 형은 동생들이 어려움이 처한 것을 알고 태양에서 아래로 커다란 통나무를 던졌다. 통나무 안에는 두 마리씩의 흰 개미와 지렁이가 들어 있었다. 통나무가 동생들이 있는 곳에 굴러 떨어지자 그 곳에 살고 있던 흰 개미가 나무를 갉아먹고 똥오줌을 배설하였다. 두 마리 지렁이는 개미의 똥오줌을 먹고 황토를 배설하였다. 이렇게 얼마 지나자 나무속에서 충분한 토양이 쏟아져 나와 형제 두 사람이 농사를 지을 수 있게 되었다. 이로부터 두 형제의 생활이 좋아지기 시작하였다.

어느 날 동생이 둘째 형에게 말했다.

"형! 나는 선인仙人에게 가서 신통력을 배우고 싶어.

신통력을 배우고 나면 우리가 더 이상 힘들게 살지 않아도 될 거야. 또 신통력이 생기면 언제 홍수가 일어날지도 알 수 있을 테니 두려워하지 않아도 되지 않겠어?"

둘째 형은 동생의 말에 일리가 있다고 생각되어 그의 말에 동의 하였다.

동생은 3개월 동안 신통력을 배웠는데, 선인이 그를 몹시 아꼈다. 동생은 둘째 형을 보러 잠시 집에 가고 싶은 생각이 들어 선인에게 동의를 구하였다. 길을 떠나기 전에 선인이 그에게 선수仙水를 죽통에 담아 주었다.

집에 돌아가는 길에 동생은 한 노파가 허리를 구부리고 먼 곳에서 다가오는 것을 보았다. 홍수가 지나간 후 대지 위에는 오직 형제 두 사람만이 남은줄 알았는데, 지금 여인을 보니 동생은 대단히 반가웠다. 급히 달려가 노인에게 말했다.

"당신과 결혼하고 싶습니다."

노파는 몹시 화가 났지만 자기 역시 혼자 몸이라는 생각에 조용히 그에게 말을 했다.

"나는 이미 늙었지만 그대가 싫어하지 않는다면 함께 가겠소. 집도 봐주고 집 안의 어떤 일도 할 수 있지만 결혼만은 할 수가 없소."

동생이 재삼 요청하였다.

"당신이 내 부인이 되어 주십시오. 나는 즉시 당신을 젊은 사람으로 변하게 할 수 있고, 또 아이도 낳게 할 수 있습니다."

말을 마치고 동생은 죽통 속의 선수를 노파의 몸에 골고루 뿌렸다. 눈 깜짝할 사이에 노인이 젊고 아름다운 아가씨로 변하였다. 두 사람은 증표를 주고받은 후에 함께 집으로 돌아갔다.

동생이 집에 돌아가니 둘째 형이 마침 밭에 씨앗을 심고 있었다. 그는 둘째 형에게 자랑하며 말했다.

"형, 내가 신통력을 배운지 겨우 3개월 만에 아내를 맞이했어. 내 아내에게 형하고 집에 있으라고 할 거야. 나는 며칠 후에 다시 신통력을 배우러 가야 하거든."

며칠 후 동생은 둘째 형과 처에게 작별 인사를 하고 또 선인이 있는 곳으로 신통력을 배우기 위해 길을 떠났다.

둘째 형과 동생의 처는 집에 함께 있게 된 지 한 달도 채 못되어 서로 좋아하는 감정이 생겼다. 그리하여 두 사람은 부부가 되어 함께 생활을 하기 시작하였다.

두 달이 지난 후에 동생이 신통력을 다 배우자 선인이 그에게 신마神馬 한 필을 주면서 말을 타고 집으로 돌아가라고 하였다. 동생은 집에 돌아오니 매우 기뻤다. 그러나 여정이 고되 피곤함을 느끼고 잠시 누워 쉬려고 하였다.

"형, 나 피곤해. 우선 잠시 쉴게."

이어서 처에게 말했다.

"여보! 정말 보고 싶었어. 나 당신에게 할 말이 많지만 지금 피곤해서 먼저 누워서 쉴게."

동생은 잠시 누워 있다가 무엇이 갑자기 생각난 듯이 몸을 돌려 또 형에게 말했다.

"형, 내 말을 문 밖의 나무에 묶어줘. 이 말은 보통 말이 아닌 신마야. 형이 나가서 한 번 타봐. 그런데 기억해 둘 것은 제발 빨리 달리게 하지 마. 만일 고삐를 흔들고 채찍으로 때리면 신마는 날아오를 거야."

말을 마치자 동생은 다시 몸을 돌리고 잠에 골아 떨어져 자는데, 코 고는 소리가 어찌나 큰지 귀가 다 먹먹할 정도였다.

둘째 형과 처는 동생이 돌아온 것을 보고 대단히 두려웠다. 두 사람은 잠시 상의를 한 후에 동생의 신마를 타고 도망을 쳤다. 동생이 깨어나서 쫓아올까 두려워 채찍으로 기를 쓰고 말을 때렸다. 신마는 채찍을 맞자 몸을 한 번 부르르 떨더니 죽을 힘을 다해 달리기 시작하였다. 말발굽이 닿는 곳마다 사방으로 불꽃이 일며 땅이 즉시 꺼져 내려갔다. 동생은 땅이 진동하는 소리를 듣고 깨어나 급히 밖을 보니 신마는 보이지 않고 여기저기 사방에 온통 불꽃이 어지럽게 널려있었다. 동생은 주위를 찾아보았으나 형과 처의 그림자도 보이지 않았다. 그가 밭으로 가 보니 벼와 옥수수가 이미 불에 타버린 것이 보였다. 그는 그 자리에 주저앉아 울기 시작하였다.

둘째 형은 사랑하는 여인을 말에 태우고 끊임없이 달려갔다. 말이 지나간 곳은 땅이 꺼져 내려 큰 강과 계곡이 만들어졌다. 그리고 말이 누워 쉬던 곳은 평원이 되었다. 신마가 하늘 끝까지 갔을 때 형은 동생이 두려워 말에게 날아오르도록 재촉하였다. 둘째 형과 그 여인은 신마를 타고 달까지 날아갔다. 그때부터 두 사람은 달에서 살게 되었다고 한다.

신마가 날아오를 때 너무 맹렬하게 힘을 주어 대지를 밟는 바람에 대지가 아주 깊이 파여서 끝없이 깊고 넓은 구덩이가 생겼는데, 이것이 바로 오늘날의 바다이다.

동생은 처자와 신마를 잃어버리고 형도 찾지 못하자 마음이 아팠다. 그는 눈물이 말라버릴 정도로 울었지만 아무런 방법을 찾을 수가 없었다. 이때 갑자기 자기 몸에 지니고 있던 신수神水가 떠올랐다. 그는 대나무통을 열어 신수를 활활 타오르는 대지 위에 뿌리자 불이 모두 꺼졌다. 그런데 놀랄만한 일이 일어났다. 불에 타고 연기가 자욱한 대지 위에 갑자기 하나의 조롱박 새싹이 돋아난 것이다.

그 조롱박은 아주 빨리 자라나서 7일 밤낮사이에 조롱박의 넝쿨이 이미 삼나무 줄기만큼 굵어져 세 사람이 껴안으려 해도 껴안지 못했다. 넝쿨이 얼마나 길게 자랐는지 가늠해 볼 수는 없지만 새가 넝쿨 한쪽 끝에서 날개가 힘들 때까지 날아도 반대편에 도착할 수 없을 정도였다. 조롱박의 잎은 또 얼마나 큰지 잎 하나로 산봉우리를 덮을 수 있었다고 한다. 보름이 지나자 조롱박의 싹이 온통 대지를 뒤덮고 수많은 꽃송이들이 피기 시작하였다. 꽃의 색깔은 눈처럼 하얀 색이었으며, 꽃이 떨어지면서 큰 산을 모두 뒤덮어 버렸다.

조롱박 꽃은 헤아릴 수 없이 많았으나 조롱박은 오직 하나만 맺혔다. 조롱박은 알단모嘎担姆나 혹은 호모포륵산鎬姆佈勒山만큼 높고 크게 우뚝 솟아 있었다. 조롱박이 누런 색으로 변하면서 익었다. 동생이 조롱박을 바위로 쳤으나 조롱박은 꿈쩍도 하지 않고 오히려 바위만 부서져 가루가 되었다. 동생이 커다란 삼나무를 뽑아 조롱박을 맹렬하게 내리치자 삼나무가 순식간에 부러지며 사방으로 조각이 튀었다. 마치 파초2)나무 줄기로 바위를 치는 것 같았다.

동생은 모든 방법을 다 써 보았지만 조롱박을 깰 수가 없었다. 마지막으로 조롱박 옆에 마른 장작을 잔뜩 쌓아 놓고 불을 붙였다. 조롱박이 타면서 점차 검은 색의 숯으로 변하더니 한 껍데기씩 벗겨졌다. 잠시 후에 조롱박에 구멍이 하나 뚫리자 동생은 선수仙水를 조롱박 속으로 흘려보내고 옆에 서서 길게 세 번 휘파람을 불었다. 순식간에 안개와 구름이 사라지면서 맑은 하늘이 아득하게 펼쳐졌다. 새들이 수풀 속에서 지저귀고, 짐승들은 들판에서 뛰어 놀며, 시냇물이 졸졸 흘렀다. 바람은 수풀 속에서 불어오고, 꽃봉오리와 나뭇잎은 바람에 흔들리며, 꽃향기는 수풀 속에 가득하였다.

바로 이때 조롱박 속에서 한 무리의 젊은이들이 쏟아져 나왔다. 첫 번째로 달악인達渥人이 앞서서 걸어 나왔다. 그는 불에 타서 검게 그을린 구멍을 뚫고 나오느라 온 몸에 시커먼 재가 묻어 그의

---

2) 외떡잎식물의 파초과芭蕉科에 속하는 다년생초를 가리킨다.

피부색은 새까만 색이 되었다.

두 번째로 운교인雲喬人이 걸어 나왔다. 이때 구멍이 비록 조금 커지기는 했지만 그래도 여전히 비좁은 구멍을 열기를 무릅쓰고 나오는 바람에 머리카락은 곱슬머리가 되었고, 몸에 시커먼 재가 묻어 피부색 역시 새까만 색이 되었다.

뒤이어서 또 세 사람이 나왔는데, 애덕인埃德人, 색당인色當人, 파나인巴那人이었다. 애덕인 역시 검은 재를 묻히고 나왔으며, 색당인은 중간에 있어서 앞뒤 사람이 막아 주는 바람에 검은 재가 묻지 않아 피부색이 하얀색이었다. 파나인은 뒤에서 나오느라 피하지 못한 까닭에 애덕인과 마찬가지로 새까만 피부색을 갖게 되었다. 세 사람의 머리카락은 모두 높은 열에 구워져 곱슬머리가 되었다.

네 번째로 나온 것은 체격이 건장한 사람들이었다. 그들은 함께 모여 뚫고 나왔기 때문에 어떤 사람은 중간에 있어서 검은 재가 묻지 않아 피부가 희고 부드러웠고, 어떤 사람은 검은 재가 묻어 피부가 새까만 색이었다. 그들이 나올 때 열기가 완전히 식지 않았기 때문에 머리가 역시 곱슬머리였다. 그런데 어떤 사람은 나올 때 머리를 다른 사람의 겨드랑이 밑에 끼워 넣고 나와서 곱슬머리가 아닌 사람도 있었다. 이번에 나온 사람들은 묘인苗人, 요인瑤人, 대의인岱依人, 책인策人 등등이었다.

다섯 번째로 고면인高棉人이 앞장서서 걸어 나오고 그 뒤에서 노인佬人과 태인泰人이 걸어 나왔다. 이때는 이미 구멍이 커진 상태였기 때문에 어떤 사람은 재를 아주 조금 묻혔거나 조금도 묻히지 않은 경우도 있었다. 그래서 태인은 흑태黑泰와 백태白泰 두 부류로 나뉘며, 노인 역시 노청佬廳과 노용佬龍 두 부류로 나뉜다.

마지막으로 나온 것은 경인京人이었다. 그는 조롱박 안에 너무 오래 머무는 바람에 답답하여 피부색이 누렇게 변하였다. 그들은 마르고 작지만 영리하고 똑똑했다. 더구나 그들이 나올 때 구멍이 이미 커져 있었기 때문에 검은 재를 전혀 묻히지 않은 채 나왔다.

조롱박에서 나온 사람들은 모두 손에 곡식의 씨앗을 움켜쥐고 있었다. 먼저 나온 사람들은 손에 한 묶음의 카사바3) 혹은 고구마 싹을 들고 나왔다. 양이 많은 사람들은 어깨에 옥수수·땅콩·깨의 종자를 자루에 넣어 메고 나왔다. 다른 사람들은 등에 광주리를 하나씩 짊어지고 그 안에 볍씨를 담았는데, 한 알의 크기가 감귤만큼 컸다.

모든 사람들이 나온 후에 모두 동생을 둘러싸고 모였다. 이때 동생은 이미 토지신이 되어 있었다.

토지신이 된 동생이 모두에게 말했다.

"너희들은 모두 한 조롱박 속에서 나온 친형제들이다. 오늘 내가 모든 토지를 너희들에게 나누어 줄 것이니, 그곳에서 땅을 개간하고 씨앗을 뿌려 후대의 자손들을 위한 기틀을 마련하기 바란다. 달악과 운교 두 사람은 여기 남아서 조상들이 물려준 땅을 관리하며 선조에게 올리는 제사를 책임지거라. 너희들은 언덕 위의 땅을 개간하여 씨앗을 뿌려 먹을 양식을 거두고 산에 가서 사슴과 원숭이를 사냥하여 고기를 얻도록

---

3) 열대지방에서 생산되는 덩이줄기가 달리는 식용 식물이다.

하여라. 그리고 애덕、포나、색당 너희들은 다리 힘이 좋으니 태양 왼쪽에 있는 산으로 가거라. 그곳은 산이 높고 숲이 깊으며, 또한 물살이 빠른 강이 있다. 너희들은 그 곳의 땅을 잘 개간하여 남쪽의 강산을 잘 지키도록 하거라. 묘인、요인、대의인、책인 등은 태양 오른쪽 산으로 가거라. 그 곳 역시 산이 높고 숲이 깊으며, 수많은 고원과 구릉이 펼쳐져 있다. 청결한 것을 좋아하는 사람은 산위에 올라가 살고, 쌀을 먹고 싶은 사람은 평지에 가서 집을 마련하고, 사냥을 원하는 사람은 밀림 속에 들어가서 그 솜씨를 발휘해 보거라. 고면인, 노인, 태인은 서쪽에 있는 땅으로 가거라. 고면인은 물고기를 잘 잡고 벼를 잘 심으니 강가 기슭에 살 곳을 마련하도록 하거라. 노인은 산 중턱에 살고, 태인은 가장 높은 곳에서 살아라. 다리 힘이 좋은 사람은 더 먼 곳까지 가서 그곳의 땅을 잘 관리하기만 하면 된다. 마지막으로 왜소하지만 영리한 경인 차례이다. 모두 고개를 돌려 너희들의 막내 동생을 보거라. 경인이 몸은 왜소하여 너희처럼 그렇게 어깨에 광주리를 메지 못하나 나무막대 양쪽에 하나씩 곡식의 씨앗이 담긴 두개의 광주리를 메고 나왔다."

형들은 가장 작은 막내 동생이 이렇게 많은 씨앗을 메고 나온 것을 보고 모두들 그의 영리함을 칭찬하였지만, 한편으로는 너무 욕심이 많다고 생각하였다.

토지신이 마지막으로 이야기를 했다.

"나는 사랑하는 막내아들과 함께 생활하고 싶지만 지

하에서 살기 때문에 그럴 수가 없구나. 그러니 그에게 비옥한 평원에 가서 살도록 해야겠다. 그곳은 끝없이 넓은 큰 강이 있어서 강물 속에서 물고기와 새우를 잡을 수 있으며, 또한 높은 산과 움푹 파인 땅도 있고, 건조한 땅도 있고, 습한 땅도 있으므로 오곡이 자라기에 적합할 것이다."

순간 하늘에서 번개가 치며 천둥이 울렸다. 토지신은 말을 마치자마자 사라지고 없었다. 그리하여 형제들은 함께 그들의 아버지 토지신에게 절을 올리고 각자 헤어져 부친이 정해준 땅으로 떠났다.

오늘날 태양이 뜨겁게 떠오를 때면 여전히 큰 형의 그림자와 그가 손에 시커멓게 태운 새우를 들고 있는 형상을 볼 수 있다. 달이 밝은 밤에는 지금도 여전히 달 속에 있는 한 필의 말과 두 사람이 앉아 있는 형상을 볼 수 있는데, 그 중에 한 사람은 바로 둘째 형이 변한 달의 신이다. 달이 막 떠오르거나 혹은 산 뒤로 지려고 할 때 말 머리의 그림자가 길어지는데, 마치 말이 고개를 뻗어 땅위에 있는 풀을 뜯어먹는 모습처럼 보인다.

토지신은 훗날 하늘로 올라갔다고 한다. 그의 후손들은 대대손손 번성하였으며, 오늘날 하나로 모여 지금의 베트남이 되었다고 전한다.

천지의 개벽

　　아주 오랜 옛날, 이 세상에는 아직 연월의 구분도 없고 사계절의 구분도 없었다. 절기의 구분은 더더욱 없었으며, 심지어 낮과 밤의 구분이 없는 혼돈상태가 지속되었다.
　　그때는 강과 호수와 바다도 없었으며, 또한 높은 산과 언덕도 없었다. 그 어떤 동물이나 식물도 생존할 수가 없었기 때문에 인류도 존재할 수가 없었다. 한마디로 말해서 당시의 우주는 메마르고 어둡고 황량했다.
　　당시 첨융添隆이라고 하는 한 노인이 수원水源을 찾다가 길에서 우연히 타열朶热이 배와 노를 만드는 것을 보게 되었다. 여기에서 도대체 첨융이라는 노인은 누구이며, 타열은 또 어떻게 천지구분도 없는 곳에 나타나서 배와 노를 만들고 있는지에 대한 의문이 들 것이다. 이 점에 대해서는 그 누구도 명확하게 답할 수는 없다. 다만 두 사람이 서로 만날 때 마침 천지간에 커다란 가뭄이 들었다는 사실만을 알 수 있다. 첨융은 타열이 배와 노를 만드는 것을 보고 매우 이상하게 생각되어 즉시 물었다.

"형님, 이것은 왜 만들고 계십니까? 날씨가 이렇게 가물어 비 한 방울도 내리지 않는데 배와 노를 만들어 무엇에 쓰려고 하십니까?"

타열이 대답하였다.

"첨융 아우, 오래지 않아 큰 비가 내릴 거야. 홍수가 난다고! 만일 아우가 망인蛮人이라면 빨리 뗏목을 만들고, 경인京人이라면 당연히 배를 만들어야 하네. 빨리 만들게, 그렇지 않으면 늦고 말거네."

첨융은 더 이상 수원을 찾지 않고 급히 돌아갔다. 오래지 않아 어디에서 왔는지 모르지만 검은 먹구름이 파도처럼 온통 하늘을 뒤덮으며 몰려 왔다. 천둥이 치고 광풍이 요란하게 몰아쳐 천지가 무너지는 듯 하더니 대야를 엎어놓은 것처럼 큰비가 쏟아져 내렸다. 빗방울이 작은 것은 무화과 열매만 했으며, 큰 것은 번려지蕃荔枝[4]만큼이나 컸다. 일순간에 비와 바람이 몰아치니 그 위세가 대단하였다. 바람이 끊임없이 불고, 비가 끊임없이 내려 얼마나 되었는지 모르겠지만 우주에 처음으로 거대한 변화가 일어났다. 하늘은 바람에 맞아 부풀어 올랐고, 대지는 빗물이 스며들어 부드럽게 변했다. 격류가 밀려와 맹렬히 침식을 시키자 천지가 둘로 나뉘었다. 이로써 비로소 하늘이 있고 땅이 있게 되었으며, 또한 물이 있게 되었다. 큰물이 계속하여 침식을 시키자 대지에 깊은 계곡이 생기

---

4) 열대과일 가운데 하나로 과육은 유백색이며 독특한 향과 맛을 가지고 있다.

며 강이 만들어졌다. 흙과 바위가 점차 높이 쌓여 산과 구릉이 되었다. 큰 도마뱀은 이로써 거주할 만한 동굴이 생겼고, 육지 거북은 번식할 만한 곳이 생겼으며, 자라 역시 산란할 수 있는 모래사장과 모래언덕이 생기게 되었다. 이로부터 갈대가 자라는 개펄이 출현하였다. 복숭아나무와 뽕나무가 자라게 되었고, 과실이 주렁주렁 달려 있는 무화과와 번려지 나무가 자라기 시작하였다. 산기슭에는 또 감람나무가 새들에게 휴식처를 제공하였다. 넝쿨 식물은 이때부터 나무줄기를 빙빙 감싸며 자라게 되어 벼에게 땅을 양보하게 되었다. 조롱박 역시 산기슭으로 옮겨 자라면서 꽃을 피우고 열매를 맺었다.

　　이로부터 태양이 떠오를 때 매미의 소리를 들을 수 있게 되었고, 밤에는 달과 별을 볼 수 있게 되었다. 이름이 임任이라고 하는 노파가 낮과 밤을 창조하였으며, 또 시간 단위인 연·월·일을 만들었다. 이로부터 일 년 열두 달이 생겼으며, 그 중에서 일곱 달은 무덥고, 다섯 달은 추웠다. 이로부터 한 달은 삼십 일이 되었으며, 임 노파는 또 윤년을 만들었다.

　　이로부터 해가 뜨고 지기 시작하였다. 그리고 대지 위에 새들이 출현하였다. 새들은 어느 곳에서 가져왔는지 모르지만 용수榕樹5)나무 씨앗을 물어 왔다. 새들이 씨앗을 하늘에서 던지자 씨앗은 바람에 날려 대지 위에 떨어졌다. 밤중에 대지가 갑자기 흔들리기 시작하더니 맹렬하게 천둥 같은 커다란 소리를 내기 시작하였다.

---

5) 열대지방에서 자라는 반안나무를 가리킨다.

날이 밝자 땅 위에 사발 주둥이만한 흙더미가 융기하면서 그 위에 한 그루의 용수 싹이 고개를 내밀고 있었다. 용수나무 싹은 아주 빨리 자라 첫 날 잎이 세 개이던 것이 그 다음 날에는 이미 죽간처럼 크게 자라 있었다. 용수의 싹은 하루가 다르게 자라 나뭇잎이 나날이 무성해져 갔다.

이때 하늘과 땅은 이미 나누어졌으나 대지는 아직 다르게 구분되지 않았으며, 또한 마을과 산채도 없었다. 어느 날 용수나무 가지가 빙빙 돌기 시작하였다. 나뭇가지는 계속 돌면서 자랐으며 그때 수많은 새로운 잔가지가 돋아났다. 그러더니 나뭇가지의 줄기 부분은 큰 마을이 되었고, 잔가지 부분은 작은 마을이 되었다. 이로써 비로소 오늘날 망인芒人의 배촌襄村, 창촌滄村, 왕촌汪村, 동촌楝村이 있게 되었다. 또한 태인泰人의 거주지역과 사인舍人의 거주지역이 있게 되었고, 경기京畿 지역과 시장이 등장하게 되었다.

용수나무가 무성하게 자라 수관樹冠[6]이 하늘을 가리고 대지를 뒤덮어 모든 햇볕을 가렸다. 쓸데없이 불평하기를 좋아하는 어느 노파가 나무 위에 서서 먹을 것을 햇볕에 말리려고 했으나 아무리 해도 말릴 수가 없었다. 그녀는 치밀어 오르는 화를 참지 못하고 큰 소리로 저주를 퍼부었다.

"용수나무야, 이렇게 가지와 잎만 무성해서 무엇에 쓴단 말이냐! 네가 햇볕을 모두 가려버리는 바람에 어쩔 수 없이 매일 눅눅한 음식만 먹게 되잖아. 하늘에서

---

[6] 나무의 가지와 잎이 무성한 부분을 이르는 말이다.

지저분하고 더러운 구정물을 떨어뜨려 네 나뭇잎을 모두 폭삭 썩어 문드러지게 만들어 버릴 것이다. 땅이 갈라져 수많은 검은 벌레들이 땅 속에서 기어 나와 네 줄기를 모두 갉아먹어 버릴 것이다."

노파는 아주 매섭게 저주를 퍼부었다. 노파의 말이 끝나자마자 하늘이 검게 변하기 시작하였다. 검은 구름이 밀려오며 맡기 어려운 역한 냄새가 사방으로 퍼지더니 순식간에 구정물이 빗물처럼 흘러 내렸다. 그러자 용수나무는 나뭇잎이 모두 떨어져버리고 나뭇가지만 앙상하게 남았다. 그리고 무수한 개미들이 땅 속에서 기어 나와 나무를 갉아먹어 텅 빈 줄기만 남아 죽고 말았다. 한바탕 광풍이 불자 나무줄기가 부러지며 깊은 계곡으로 빠져버렸고 이때 남아있던 나무뿌리는 모두 물고기로 변했다. 그리고 어지럽게 날리며 떨어진 나뭇잎은 모두 작은 새로 변하였다. 용수나무 속에서도 한 쌍의 작은 새가 날아갔다. 새들은 둥지를 틀만한 곳도 쉴만한 곳도 모두 사라져 버리자 상심하여 오랫동안 울고는 흐르는 강물의 수원지로 날아가 계속 탄식만 하였다.

이때 마침 열모熱姆할머니가 근처에서 고구마를 먹고 있다가 이 소리를 듣고 큰 소리로 물었다.

"누가 울고 있는 거지? 작은 새 두 마리인 것 같은데..."

새들이 대답하였다.

"우리는 용수나무에서 태어났습니다. 그런데 용수나

무가 부러져 집을 잃고 말았습니다. 이제 갈 곳이 없으니 우리가 얼마나 불쌍합니까?"

열모할머니가 웃으며 말했다.

"나는 또 무슨 큰일이라도 났다고. 울만한 일도 못되는 것을 가지고. 내가 너희에게 말해 주마. 용수나무가 부러졌으면 너희들은 목면수木棉樹7)를 찾아가면 되지 않겠니? 내 말을 듣고 목면수를 찾아가 너희들의 집을 지으렴."

두 마리 새는 열모할머니의 말을 듣고 대단히 기뻐 재삼 고맙다고 말한 후에 목면수를 향해 날아갔다. 두 마리의 새는 나무 위에 가지를 이용하여 광주리만큼 크게 둥지를 짓고는 둥지에서 살기 시작하였다. 오래지 않아 암컷의 배가 나날이 불러지기 시작하였다. 두 마리의 새는 걱정이 되어 어찌할 바를 몰라 하며 그저 서로 마주 보고 눈물만 흘리다가 또 다시 계곡 물가로 날아가서 탄식을 했다.

열모할머니는 탄식소리를 듣고 또 다가와서 물었다.

"또 너희들이구나! 둥지도 있는데 또 무엇 때문에 여기까지 날아와서 한숨을 쉬고 있는 게냐?"

작은 새가 말했다.

---

7) 열대식물 가운데 하나로 꽃이 지면 탐스런 솜이 열린다.

"할머니, 우리는 당신의 말대로 새집을 짓고 함께 생활했는데 얼마 안 되어 배가 나날이 커지기 시작했어요. 이것은 도대체 무슨 징조인지 알 수가 없습니다. 너무 무섭습니다. 할머니, 우리가 어떻게 해야 좋겠습니까?"

열모할머니가 웃으며 말했다.

"이것은 좋은 징조야! 너희들은 내 말대로 강가에 가서 풀을 뽑고, 또 강물 속에서 수초를 건져 올린 다음 목면수 위에 둥지를 튼튼하게 덮어 알 낳을 준비를 하거라."

두 마리의 새는 열모할머니의 말대로 실행에 옮겼다. 오랜 시간이 흐른 후에 암컷은 알 하나를 낳았다. 이어서 두 번째, 세 번째, 네 번째, 끊임없이 알을 낳아 나중에는 셀 수조차 없었다.

이 때 어디서 나왔는지 모르는 맹수들이 무리를 지어 나타나 산에서 평원까지 함부로 날뛰며 돌아 다녔다. 어느 날 몸집이 거대한 호랑이가 목면수 아래에서 으르렁하고 큰 소리로 포효하자 그 진동으로 인해 나뭇가지가 꺾이고 나뭇잎이 우수수 떨어져 내렸다. 이어서 곰이 목면수 위로 올라가서 나뭇가지를 누르고 어지럽게 흔들어대자 새둥지가 순식간에 밑으로 떨어지고 말았다. 나무 아래에서 일찍부터 기다리고 있던 검은 색 거북은 온 사방에 알이 떨어지자 얼른 기어가서 한 알을 맛보았다. 맛이 아주 좋았다. 또 다시 반 개를 먹었다. 그 옆에 있던 황색 거북도 달려들어 한 입에 남아 있던 반을 삼켜 버렸다. 이렇게 두 마리 거북은 너 하나 나 하나

하는 식으로 알을 모두 먹어 치워버렸다.

오후에 두 마리 새는 먹을 것을 구하러 나갔다가 돌아와 목면수의 가지가 이리저리 찢어지고 둥지가 산산조각 나고 자신들이 낳은 알들이 모두 사라진 것을 보고 상심하여 대성통곡을 하였다. 열모할머니는 울음소리를 듣고 다가와 그 이유를 묻자 새들은 한바탕 그동안 일어난 일을 이야기 하였다. 할머니는 그들을 위로하며 말했다.

"일이 이미 이렇게 됐으니 울어도 이제는 소용없는 일이야. 너희들은 호산豪山 꼭대기로 가거라. 그 곳에 동굴을 파서 둥지를 만들면 다시는 부서지지 않을 것이다."

새들은 또 할머니가 말한 대로 호산으로 날아가서 통풍이 잘되고 지세가 높은 곳을 골라 새로운 둥지를 만들기 시작하였다. 그러나 두 마리 새가 주둥이로 한참동안 암벽을 쪼았지만 겨우 주먹만한 정도의 작은 동굴이 생겼을 뿐이다. 새들은 계속하여 입으로 쪼고 발톱으로 파내었다. 그러나 아무리 노력을 해도 별다른 효과가 없었다. 새는 자기의 주둥이와 다리가 너무 약하다고 느꼈다.

어느 날 밤, 그들은 저 멀리 반짝이는 불빛을 보았다. 원래 그곳에는 요繞라고 부르는 사부가 한 분 살고 계셨는데, 사람인지 신선인지 알 수는 없지만, 어쨌든 그는 매일 그곳에서 쇳물을 부어 물건을 주조하였다. 그래서 새들은 수많은 땔나무와 대나무를 물어다 숯을 만들고 그 숯을 요사부에게 가져가서 그에게 철로 부리와 발톱을 만들어 달라고 부탁하였다. 그들은 철 부리와 발톱이 생기자 구멍을 뚫는 속도가 더욱 빨라져서 곧 암벽 위에 커다란 동굴을 만들 수 있었다. 두 마리의 새는 배촌裵村에서 용안수龍眼樹[8]의 잎을, 당촌唐村에서 복숭아나무 잎을, 하강賀江 기슭에서는 갈대 잎을, 그리고 오강漵江 수원지에서는 백모[9] 잎을 물고 돌아왔다. 그들은 질긴 잎으로 울타리를 만들고 부드러운 잎은 둥지 바닥에 깔았다.

오래지 않아 암컷은 또 임신을 하였다. 이번에도 암컷이 또 헤아릴 수 없이 많은 알을 낳았다. 그런데 이상하게도 이번에 낳은 알들은 색깔과 모양이 모두 달랐다. 어떤 것은 둥글고, 어떤 것은 길고, 어떤 것은 흰색이고, 어떤 것은 검은색이었다. 어떤 것은 한 가지 색이고, 어떤 것은 얼룩덜룩 반점이 있었는데, 가장 이상한 것은 마지막에 나온 것으로 네 개의 귀퉁이가 있는 네모난 모양을 하고 있었다. 새 부부는 이 알을 보자 무슨 나쁜 징조인가 싶어 또 울기 시작하였다. 앞에서와 같이 열모할머니가 울음소리를 듣고 다가와 이유를 묻자, 새들이 대답하였다.

"할머니, 우리가 이번에도 당신의 말을 듣고 산 위 암벽에 동굴을 파고 둥지를 만들어 헤아릴 수 없이 많은 알을 낳았는데, 모든 알의 형태와 색깔이 서로 다릅니다. 특히 마지막 알은 네모진 모양이라 좋은 징조가 아닌 것 같아 걱정됩니다."

할머니가 대답하였다.

---

8) 열매가 용의 눈을 닮았다고 해서 붙여진 열대지역에서 자라는 나무이다.
9) 벼과 식물로 지붕을 덮는 이엉을 엮을 때 사용하는 띠를 가리킨다.

"나는 또 무슨 큰일이라도 났다구! 알을 이미 낳았으니 아무 걱정할 것 없어. 빨리 돌아가서 알이나 부화시키도록 해! 부화하지 않으면 어떻게 되겠어? 바람이 불고 비가 오는 날씨에는 날개를 펴서 바람과 비를 막아주고, 낮이나 밤이나 열심히 품고 있어야지 중간에 그만두어서는 안 돼. 그리고 특별히 신경 써서 알을 이리 저리 굴려주어야 한다는 것을 잊지 마. 조금이라도 소홀하게 해서는 안 돼. 알이 부화될 때 알마다 서로 다른 것들이 나올 거야."

새 부부는 마음씨 좋은 할머니의 말대로 행하였다. 주야를 가리지 않고 알을 품고 있었다. 바람이 불거나 비가 와도 꼼짝하지 않고 날개를 펴서 바람과 비를 막았다. 그리고 발로는 끊임없이 알을 굴렸다. 여러 날이 흘러가자 하나하나씩 알이 갈라지기 시작하였다. 검은 알에서는 까마귀가 태어났고, 푸른 알에서는 거북이가 태어났다. 둥근 알에서는 자라가 태어났으며, 긴 모양의 알에서는 비단뱀이 태어났다. 검은색 모양이 있는 알에서는 지네가 태어났고, 껍데기에 반점이 있는 알은 개구리가 태어났으며, 담홍색의 알은 사슴이 부화되어 나왔다. 한마디로 말해서 이 둥지의 알에서 대지의 모든 동물들이 하나도 빼놓지 않고 태어났다.

형형색색의 알들이 모두 벌어졌으나 마지막으로 나온 네모난 알만이 아무런 동정이 없었다. 새 부부는 할머니의 말을 믿고 낮이든 밤이든 인내심을 가지고 서로 교대하며 알을 품고 있었다. 아홉 번이나 달이 찼다가 기울고도 태양이 열 번 더 떠올랐다가 진 9개월 10일 만에 네모진 알이 마침내 갈라졌다. 하늘과 땅이 갑자기 흔들리더니 세상을 흔들리게 할 만큼 큰 소리가 울려 퍼지며, 네모난 알 속에서 남자 두 명과 여자 한 명이 태어났다. 큰 형은 옹개翁丐, 둘째 형은 옹근翁斤, 막내 여동생은 낭기娘奇라고 불렀다. 이어서 알껍데기 더미 속에서 수많은 사람들이 나왔다. 어떤 사람은 망어㟅語를 말하고, 어떤 사람은 경어京語를 말하며, 또 어떤 사람은 태어泰語를 말하기도 했다. 그밖에 수많은 사람들이 각기 서로 다른 언어로 말을 했다. 그들은 시끄럽게 떠들며 무리를 지어 사방팔방으로 흩어져 호산豪山을 떠났다. 마지막으로 동굴에 옹개, 옹근, 낭기 세 오누이만 남았다. 인류는 이렇게 탄생하였다.

인류의 조상 사상과 여와

아주 오랜 옛날에 사상四象이라고 하는 남신이 있었는데, 거인 巨人이라고도 불렸다. 그리고 여와女媧라고 하는 여신이 있었는데, 각해覺海라고도 불렸다. 두 신은 모두 천지를 창조한 개벽신 가운데 하나였으며, 사상이 바로 천제였다. 두 신의 몸은 비할 데 없이 거대하여 사상의 생식기는 수십 장이나 되었으며, 여와의 생식기 또한 수백 평이나 될 정도로 컸다. 두 신 모두 무한한 능력을 가지고 있어 누가 더 위라고 할 수 없었으나, 여와의 체력이 사상보다 좀 더 좋은 편이었다.

어느 날 사상이 여와에게 결혼을 청하자 여와가 하나의 조건을 제시하였다. 여와와 사상이 각자 3일 내에 산의 정상에서 세상이 한 눈에 들어올 정도로 산을 높이 쌓는 시합을 하여 만일 사상이 쌓은 산이 여와 자신이 쌓은 산보다 높으면 그에게 시집가기로 약속하였다.

사상은 자신의 능력은 끝이 없기 때문에 반드시 자신이 이기리라고 생각하여 자신있게 여와의 제안을 받아들였다. 사상은 북쪽으로 여와는 남쪽으로 걸어가 장소를 정한 후에 흙을 파내고 돌을 캐내어 산을 쌓기 시작하였다. 사상은 비할 데 없이 거대한 멜대로 흙을 날랐는데, 광주리 하나가 산 하나를 모두 집어넣을 수 있을 정도로 컸다. 한번은 멜대가 부러져 광주리 속의 흙이 쏟아져 내리자 아홉 개의 작은 산이 만들어지기도 하였다.

산을 다 쌓은 후 사상과 여와가 산 정상에 올라 누구의 산이 더 높은가 비교해 보기로 하였다. 그들이 먼저 사상이 쌓은 산 위에 올라가 바라보니 저 멀리 동쪽의 대해와 이웃 나라의 영토가 보였다. 다음 여와가 쌓은 산 위에 올라가 바라보니 저 멀리 하늘 끝과 땅 끝이 맞닿는 곳까지 분명하게 보였다. 여와가 쌓은 산이 사상이 쌓은 산보다 훨씬 높아 사상이 지고 말았다. 그래서 여와는 사상이 쌓은 산을 무너뜨리고 그에게 다시 산을 하나 더 쌓도록 하였다. 사상이 후에 쌓았다는 산이 지금 어느 위치인지 불분명하지만 여와가 쌓았다고 하는 산은 바로 베트남 북쪽 하정河靜 이남 지역에 위치한 큰 산이라고 하며, 어떤 사람들은 북쪽 서녕西寧지역의 큰 산이라고도 하는데, 어느 산이 되었든 사람들은 이 산을 "흑파산黑婆山"이라고 부른다.

사상은 실패한 후에도 마음을 바꾸지 않았다. 그는 모든 노력을 아끼지 않고 수많은 산을 쌓아 여와로 하여금 만족하게 만들었다. 사상이 쌓았다고 하는 산들이 지금 베트남의 북쪽과 남쪽에 널리 분포되어 있다. 베트남 북부와 중부에 거주하는 주민들은 현지 산 속의 거대한 바위 위에 새겨진 거대한 발자국은 사상이 당시 산을 만들면서 남긴 발자국이라고 여기며, 이 발자국들을 '거신巨神의 발자국'이라고 부른다.

여와는 사상에 대한 정이 점차 깊어져 그에게 시집가기로 하고 날짜를 정해 결혼식을 올리기로 약속하였다. 혼례를 거행하는 날, 사상은 여와를 신부로 맞이하고자 백여 명의 사람과 함께 여와가 사는 곳으로 갔다. 사람들이 여와가 사는 곳에서 멀지 않은 곳에 도착했을 때 갑자기 천지가 어두워져 뻗은 손의 손가락이 보이지 않을 정도가 되었다. 이제 겨우 강 하나만 건너면 바로 여와가 사는 곳에 도착할 수 있었다. 그러나 강 위의 다리가 보이지 않자 사상은 한 가지 방법을 생각해 내었다. 자신의 생식기를 강 위에 걸쳐 다리로 삼고 신부를 맞이하는 사람들을 먼저 건너게 한 후 마지막으로 강을 건너기로 하였다. 그런데 강을 건너는 도중에 한 노인이 실수로 사람들의 앞을 비추어 주던 한 묶음의 향을 다리 아래 강물 속으로 떨어뜨리고 말았다. 이 때문에 뒤따라가던 50여 명의 사람들은 향불의 안내를 받지 못해 한 사람씩 한 사람씩 강물 속으로 떨어지고 말았다.

여와는 맞은편 강가에서 자신을 맞이하러 오는 사상의 일행을 보고 면사포를 걷어 올렸다. 그러자 그녀의 몸에서 나오는 빛으로 인해 하늘이 다시 밝아졌다. 여와는 사람들이 강물 속으로 떨어지는 것을 보고 손을 뻗어 물에 떨어진 사람들을 하나씩 건져 올렸다. 당시 날씨가 매우 추웠기 때문에 사람들은 모두 몸을 벌벌 떨었으나 여와의 체온 덕분에 점차 몸을 녹일 수 있었다.

후에 사상과 여와가 결혼식을 어떻게 올렸는지 자세한 사정에 대해서는 알 길이 없으나 여기서 한 가지 분명한 점은 사상이 주도면밀하게 혼례를 준비하지 못해 여와가 이 점에 불만을 가지고 있었다는 사실이다.

인류를 창조한 여신들

　천제는 하늘을 떠받드는 기둥을 세워 하늘과 땅을 갈라놓은 후 우주를 열고 직접 주관하며 어떻게 세상의 만물을 창조할까 궁리하였다. 그는 먼저 천지를 개벽할 때 사용하고 남은 진흙을 이겨 코끼리, 코뿔소, 호랑이와 같은 큰 동물과 개미, 모기, 바퀴벌레, 반딧불 등과 같은 작은 동물을 창조하였다. 그리고 마지막으로 천제는 가장 순수한 재료를 골라 또 다른 동물을 만들고자 하였는데, 그것이 바로 인류였다.

　인류를 창조하는 사명은 천제가 만물을 만들 때 옆에서 도와주던 열두 명의 여신에게 일임하였다. 이들은 각자 사람의 각 부위를 책임지고 만들기 시작하였다. 어떤 여신은 귀를 만들고, 어떤 여신은 눈을 만들고, 어떤 여신은 사지를 만들고, 어떤 여신은 생식기를 만들고, 또 어떤 여신은 인간의 언어와 표정의 창조를 책임지기도 하였다.

　정선된 재료와 여신들의 뛰어난 솜씨로 창조된 인류는 다른 동물이나 곤충에 비해 총명하였다. 그러나 여신들이 일을 하면서 정신이 분산될 경우도 있어 간혹 불완전한 인류가 만들어지기도 하였다. 그래서 어떤 사람들은 세상에 태어나면서 때때로 신체의 결함이나 비정상적인 부분을 가지고 태어나기도 하는 것이다. 어떤 사람은 태어나면서부터 말을 못하는 경우도 있고, 어떤 사람은 지능이 낮게 태어나기도 하는데, 이것은 여신들의 잘못으로 인해 빚어지는 일들이다.

여덟 개의 호박과 인류의 탄생

인류를 징벌하기 위해 천제는 커다란 홍수를 일으켰다. 홍수가 지나간 후에 모든 생명이 처참한 재난을 당했다. 그리하여 천제는 도송道松과 도안道岸이라고 부르는 두 천신을 인간 세계에 내려 보내 다시 산과 강을 정돈하고 인류가 계속 번식할 수 있게 도와주도록 하였다. 그들이 출발하기에 앞서 천제는 두 천신에게 여덟 개의 호박과 여덟 가닥의 동으로 만든 경천주擎天柱[10]를 하사하였다. 호박에는 삼백삼십 개의 민족과 삼백삼십 여 가지의 곡식, 그리고 기타 식물의 종자와 서적들이 담겨 있었다.

도송과 도안이 인간 세상에 내려와 보니 대지 위에 홍수가 아직 다 물러가지 않고 있어 하는 수 없이 잠시 그 곳에 머물러 있었다. 홍수가 다 물러가고 난 후 도송신은 홀로 대지에 내려가 여덟 개의 호박을 각각 여덟 개의 나라에 놓아두고 이어서 경천주를 사용해 여덟 개의 호박에 구멍을 하나씩 내자 호박 속에서 각 민족

---

10) 하늘을 떠받치는 곤륜산崑崙山의 여덟 개 기둥을 가리킨다.

사람들이 나왔다. 그리고 그들은 여러 가지 곡물과 식물의 종자를 가지고 나왔다. 이것이 바로 인류의 시초이자 곡물의 시원이다.

뱀과 인간

태초에 인류를 창조할 때 천제는 인류에게 다른 동물들과는 다른 생리적 기능을 마련해 놓았다. 즉 사람이 늙은 후에는 조용한 곳을 찾아가 누워 점차 수면상태로 들어갔다가 일정한 시간이 지나면 육체가 딱딱해지는데 이 딱딱한 껍질이 천천히 벗겨지고, 다시 깨어나면 왕성한 혈기가 충만하게 되는데, 이러한 사람은 영원히 죽지 않고 살게 된다.

천제는 세상의 모든 동물들이 돌아갈 수 있는 곳을 마련해 놓았다. 그중에서 뱀은 성격이 음험하고 악독하기 때문에 천제는 죽음을 뱀에게 물려주기로 하였다. 어느 날 천제의 명을 받아 지상에 내려와 임무를 수행하던 천신이 공교롭게도 뱀의 굴로 잘못 들어가게 되었다. 그런데 어디서 이 소식을 들었는지 수 만 마리의 뱀들이 벌떼처럼 달려들어 천제의 사자를 겹겹이 둘러싸고 위협하며 말하였다.

"만일 당신이 공개적으로 '사람은 늙으면 허물을 벗고, 뱀은 늙으면 관을 준비하라'고 한 천제의 명령을 '뱀은 늙으면 허물을 벗고, 사람은 늙으면 관을 준비

하라'고 바꾸어 말하지 않는다면 당신을 절대로 놓아
줄 수 없소!"

천신은 뱀들이 고개를 높이 쳐들고 필사적으로 자신을 향해 달려드는 기세에 놀라 어쩔 수 없이 뱀의 요구에 동의하고 말았다.

이로부터 인류는 늙으면 죽게 되었지만 뱀은 끊임없이 허물을 벗으며 영원히 살 수 있게 되었다고 한다.

천제는 천신이 자기 마음대로 성지를 고친 행위에 대해 너무 화가 나서 노발대발하며 천신에게 욕을 해대었다. 천신은 너무 놀라서 정신을 잃고 인간 세계에 굴러 떨어져 말똥구리가 되었다. 말똥구리가 된 천신은 하루 종일 똥 덩어리 속에서 몸을 움츠리고 있게 되었다고 한다.

동물의 창조

천지 개벽이후 천제는 먼저 조수鳥獸와 금수禽獸, 그리고 만물의 생명을 창조하고 마지막으로 인류를 창조하였다. 조수와 금수를 창조할 때 처음에는 익숙하지 않고 재료도 충분하지 않은데다 짧은 시간 내에 만물을 모두 갖춘 세상을 만들다보니 부족한 부분이 생길 수밖에 없었다. 그래서 어떤 것은 날개가 없거나 팔이 없으며, 어떤 것은 다리가 하나밖에 없는 경우도 있었다.

하루는 천제가 세 명의 천신으로 하여금 재료를 가지고 세상에 내려가 조수와 금수의 불완전한 몸을 고쳐 주도록 하였다. 소식이 전해지자 조수와 금수들이 천신이 내려오는 곳으로 달려가 자신의 몸을 고쳐주기를 청하였다. 세 명의 천신은 정해진 시간 내에 일을 끝마치기 위해 바쁘게 일을 하였다. 몸을 고친 조수와 금수들도 모두 대단히 만족스러워하였다.

천신들은 끊임없이 찾아오는 조수와 금수의 몸을 고쳐 주었다. 그들이 가지고 온 재료를 막 다 쓰고 나자 한 마리의 오리와 개가 또 찾아왔다. 오리는 다리가 하나 밖에 없었고, 개는 뒷다리 하나가 부족하였다. 천신은 재료가 없었기 때문에 어쩔 수 없이 오리와 개의 요구를 거절할 수밖에 없었다.

오리와 개는 포기하지 않고 천신에게 반드시 자신들을 도와줄 수 있는 방법을 생각해 달라고 간청하였다. 천신은 동정하는 마음이 들어 의자의 다리를 떼어 내어 오리와 개의 다리에 붙여 주면서 당부의 말을 남겼다.

"잘 기억해 두거라. 잠잘 때 방금 전에 붙인 이쪽 다리로는 땅을 밟고 서지 말아야 한다. 그렇지 않으면 습기를 먹어 시간이 오래 되면 썩어 못쓰게 된다."

오리와 개는 연신 고개를 끄덕이며 그렇게 하겠다고 대답하였다. 이후로 오리와 개는 항상 한쪽 다리를 움츠리고 잠을 잔다.

오리와 개가 떠난 후 세 명의 천신은 물건을 챙겨 하늘나라로 돌아가고자 준비하였다. 그런데 갑자기 수많은 조수가 세 명의 천신에게 달려왔다. 이 새들은 모두 다리가 없어 내려앉을 때 매우 불편하였다. 새의 무리는 허둥지둥 천신에게 그들이 늦게 온 이유에 대해 설명을 하였다. 그들은 소식을 늦게 접했으며, 게다가 다리가 없어 땅에 내리기가 어려워 늦었다고 하면서 천신이 제발 도와줄 것을 요청하였다. 새의 무리 모두 다리가 없는 것을 본 한 천신은 이들의 불편을 이해하고 향로에서 타다 남은 향을 한 줌 집어 새들의 두 다리를 만들어 주었다. 그러나 새들은 향으로 만든 다리가 너무 약하다고 느끼자 큰 소리로 고함을 치기 시작하였다.

"아! 이런 다리를 가지고 어떻게 설 수 있단 말인가요!"

천신이 이에 대답하였다.

"일단은 아쉬운 대로 사용 하거라. 내려앉을 때 바로 땅에 내려앉지 말고 먼저 낮게 날다가 조심스럽게 내려앉으면 아무 일 없을 것이다. 이후 만일 다리가 끊어지면 다시 너희들에게 새로운 다리로 바꾸어 주마."

이로부터 조류는 땅에 내려앉을 때 바로 앉지 않고 두 세 차례 살며시 발을 디딘 후에 완전히 내려앉게 되었다.

생명을 주관하는 남조와 북두

천신이 천제의 뜻을 잘못 집행한 이후 사람은 늙으면 죽을 수밖에 없게 되었으나 사람이 죽은 후에 여전히 환생할 수 있기 때문에 다시 인간세상으로 돌아와 생활할 수 있었다고 한다. 인류의 환생을 주관하는 일은 하늘나라에서 가장 번잡하고 가장 힘든 일이었다. 어떤 사람이 장수하고, 어떤 사람이 요절하고, 누가 환생 할 수 있고, 누가 환생할 수 없으며, 누가 신선이 되고, 또 누가 귀신이 되는가 하는 등의 모든 문제를 한 사람의 천신이 담당하였다. 그러나 세간에서는 시시각각 사람들이 죽어 이를 때에 맞춰 처리해야 했기 때문에 천신은 대단히 바쁠 수밖에 없었다. 그래서 천제는 이 일을 남조南曹와 북두北斗 두 신선에게 맡기게 되었다.

남조와 북두는 원래 한 배에서 나온 쌍둥이 형제였다. 그들의 모친은 백발이 성성하고 거동이 불편한 나이가 되어 비로소 이들을 임신하게 되었다. 이들은 임신기간이 무려 69개월이나 되었으며, 막 출생했을 때 두 사람은 머리와 사지도 없는 피 묻은 고기덩어리에 불과하였다. 모친은 두 명의 기형아를 낳아 놓고 매우 당황하여 그들을 강가로 데리고 가서 강물에 띄워 버리려고 생각하였다. 그러나 결국 어쨌든 자기 몸에서 나온 혈육이라는 생각에 차마 버리지 못하고 그들을 다시 집으로 데리고 돌아와 집안 구석에 놓아두었다. 백일이 지난 후 두 핏덩어리가 뜻밖에도 두 명의 잘생긴 아이로 변하였다. 그들은 총명하기 이를 데 없을 뿐만 아니라 초인적인 기억력을 가지고 있었다. 세상에서 발생한 모든 일들을 기억할 수 있을 뿐만 아니라 영원히 잊어버리지도 않았다.

천제는 형제의 재능을 발견하고 하늘나라에서 인류의 생사를 주관하는 대권을 그들에게 넘겨주었다. 남조에게는 태어나는 사람을 관장하도록 하고, 북두에게는 죽은 사람을 관장하도록 하였다. 천제는 그들을 자신의 신변에 두고 잠시도 좌우를 떠나지 못하도록 하였다. 남조는 천제의 오른쪽인 하늘의 남쪽에 위치하고, 북두는 천제의 왼쪽인 하늘의 북쪽에 위치하였다.

오늘날 사람들이 두 별을 남조와 북두라고 일컫는 것은 바로 그들의 위치가 고정되어 변하지 않기 때문이다. 또 어떤 사람은 지금 베트남 북쪽 보뢰산普賴山에 두 개의 산봉우리가 있는데, 하나는 남조라고 부르며, 또 다른 하나는 북두라고 부른다고 한다. 이 두 산이 바로 당시 남조와 북두의 모친이 그들 형제를 강물에 버리려고 할 때 그 두 사람을 놓아두었던 곳이라고 한다.

인류의 시조 곤과 고

태초에 인류는 오직 두 사람으로, 한 사람은 남자이고 한 사람은 여자였다. 남자는 괄특括特이라 하고, 여자는 호*라고 불렸으며, 그들은 결혼하여 항열나애산抗热那埃山 기슭에 살았다. 그들은 두 아이를 두었는데, 하나는 남자 아이이고, 하나는 여자 아이였다. 남자 아이는 곤鼠, 여자 아이는 고高라고 불렸다. 곤과 고는 자라서 성인이 되어 수많은 후손을 낳았다. 사람들은 곤과 고가 바로 오늘날 베트남 소수민족의 조상이라고 말한다.

그 당시 사람들은 체격이 크고 능력도 범상치 않았다. 바로 이러한 거인들과 그들의 후손들이 세상의 모든 것을 창조했다고 한다. 또한 당시에는 크고 사나운 짐승들이 항상 사람들이 사는 곳에 출몰하여 습격하자, 사람들은 생존을 위해 어쩔 수 없이 맹수에 대적할 방법을 찾지 않을 수 없었다.

어느 날 한 무리의 호랑이가 사람들을 습격해 왔다. 사람들은 호랑이와 오랫동안 격투를 벌였다. 호랑이들은 사나웠을 뿐만 아니라 시간이 갈수록 많은 호랑이들이 모여들어 사람들이 당해 낼 수가 없었다. 어쩔 수 없이 곤과 고는 후손을 데리고 그들이 살던 곳을 떠나 연해안 지역으로 이주하였다. 그러나 호랑이는 포기하지 않고 사람들의 냄새를 쫓아 해변까지 뒤따라 왔다. 곤과 고는 방법이 없자 또 다시 섬으로 이주하였다. 그런데 호랑이는 여전히 포기하지 않고 대나무를 잘라 부교를 만들어 섬으로 사람들을 뒤쫓아 가려고 하였다. 곤과 고의 후손들은 너무나 무서워 어떻게 해야 할지 몰랐다. 이때 한 무리의 큰 새들이 하늘나라에서 내려와 대나무 다리를 불태워버렸다. 그러자 호랑이들은 전부 바닷물에 빠져 죽고 말았다.

곤과 고는 위험에서 벗어났으나 육지로 돌아갈 방법이 없었다. 그러다 그곳에 사는 사람들을 발견하였다. 그들은 바로 중국인과 점인占人[11])들이었다. 그들의 도움으로 곤과 고는 후손들을 데리고 내륙의 산림 속에 들어가 살 곳을 마련하였다.

곤과 고의 후손들은 그 곳에 살면서 점차 그 수가 많이 늘어났다. 남자들은 건장하고 용감하며, 여자들은 아름답고 솜씨가 뛰어났다. 중국인과 점인들은 모두 그들을 매우 좋아하여 그들과 만나기를 좋아했으며 또한 아름다운 아가씨를 골라 자신의 아내로 삼기도 하였다.

---

11) 참파 왕국의 후손인 참족으로 주로 베트남 중부지역에 거주한다.

제 2 부

자 연

♦

♦

산의 정령과 물의 정령
바다의 신
해와 달을 주관하는 두 여신
뇌공신
바람의 신
불의 신
토지신
고산대왕
천신 제류와 홍수
볍씨와 소가 된 천신
벌을 받고 소가 된 천신
민 처녀가 몰고 온 추위
천제와 두꺼비의 담판
우문의 용 선발
물고기 정령
여우의 정령
나무의 정령

산의 정령과 물의 정령

　　베트남 수도 남쪽에 봉우리가 구름 위까지 솟은 큰 산이 하나 있는데, 산이 매우 커서 몇 개의 지역에 걸쳐 있을 정도였다. 가장 높은 산봉우리 정상 부분이 마치 커다란 우산을 펼쳐 놓은 것처럼 둥그런 모양을 하고 있어서 사람들은 이 산을 산원산傘圓山12)이라고 불렀다. 전설에 의하면 이 산을 주관하는 신은 바로 그 산의 정령이라고 한다.

　　태고적에 이곳에 부락이 하나 있었는데, 부락의 수장을 웅왕雄王13)이라고 불렀다. 제18대 웅왕에게 딸이 하나 있었는데, 이름을 옥화玉花라고 불렀다. 그 딸은 아름답기가 그지 없어서 눈은 마치 하늘의 별처럼 초롱초롱 빛났고, 눈썹은 버드나무 잎처럼 가늘었으며, 피부는 상아처럼 희고 윤이 났다. 웅왕은 자신의 딸을 대단히 총애하여 손안의 옥구슬을 보듯 하였다. 딸이 성인이 되자 웅왕은 만족할만한 신랑감을 찾아 딸의 배필로 삼고자 하였다. 웅왕이 딸

---

12) 하노이 파유현巴維縣에 위치해 있는 산의 이름이다.
13) 베트남의 문랑국文郎國을 세운 민족의 시조로 불리운다.

의 신랑감을 찾는다는 소식이 순식간에 천하에 퍼졌다. 어느 날 산의 정령이 갑자기 웅왕 앞에 나타나 웅왕의 딸인 옥화에게 구혼을 하였다. 그런데 공교롭게도 강과 바다를 관장하는 물의 정령 역시 웅왕의 딸에게 결혼을 청하는 상황이 벌어지고 말았다. 두 신이 동시에 자신의 딸에게 구혼을 하자 웅왕은 난처한 입장에 놓이게 되었다. 그래서 한 가지 방법을 생각해 내었는데, 산의 정령과 물의 정령 두 신이 서로 능력을 겨루어 이기는 자를 자신의 사위로 삼고자 한 것이다. 웅왕의 말이 떨어지자마자 산의 정령과 물의 정령은 저마다 놀라운 법력을 보이기 시작하였다. 먼저 산의 정령은 산봉우리를 옮기고 큰 나무를 넘어뜨려 삼림을 평지로 만들고 흙과 돌을 섞어 공중에 던져 하늘의 해를 가렸다. 물의 정령은 구름과 안개를 토해내고 바람과 비를 부르며 파도를 일으켰다. 일순간에 대지의 모든 지역이 안개에 휩싸이고 돌과 나무가 어지럽게 날리며 해와 달이 빛을 잃고 말았다. 웅왕은 두 신의 능력이 모두 대단하여 승부를 가릴 수 없게 되자 다시 제안을 하였다.

> "두 신 모두 대단한 능력을 가지고 있지만 나에게는 딸이 하나밖에 없으니 차라리 내일 아침 각자 폐백을 준비하여 먼저 도착하는 쪽을 옥화의 배필로 삼는 것이 좋을 듯 합니다."

이튿날 하늘에 막 동이 트기 시작할 무렵 산의 정령은 물의 정령보다 앞서 금은보화와 진귀하고 희귀한 아홉 개의 상아가 있는 큰 코끼리, 아홉 개의 돌기가 있는 수탉, 아홉 가닥의 붉은 갈기가 있는 준마 등을 웅왕에게 예물로 보내왔다. 웅왕은 대단히 기뻐하며 약속한대로 딸 옥화를 산의 정령에게 시집보냈다. 산의 정령은 옥화를 데리고 기쁘게 산원산으로 돌아갔다.

　물의 정령 역시 온갖 진기한 보배를 웅왕에게 보내왔지만 한 발 늦어 결국 옥화를 아내로 얻지 못하고 말았다. 이에 화가 난 물의 정령은 세상의 모든 물을 모아 커다란 홍수를 일으킨 다음 산원산을 포위하여 산의 정령과 결전을 준비하였다. 물의 정령과 산의 정령의 싸움이 밤낮으로 계속되자 하늘과 땅이 캄캄해지고 비바람이 몰아쳐 온통 물바다가 되고 말았다. 산원산의 신인 산의 정령은 수하를 거느리고 물의 정령의 공격을 방어하였으나 물이 산 높은 곳까지 차오르게 되었다. 산 아래에 거주하던 주민들은 한 줄 한 줄 목책을 설치하여 홍수를 방어하면서 북과 딱따기를 치면서 산의 정령을 응원하였다. 산의 정령은 싸울수록 용감해져 수하들과 함께 계속하여 물속에 돌을 던지고 화살을 쏘았다. 물의 정령은 수하의 손실이 막심하여 사상자의 수가 헤아릴 수 없이 생겨났으며, 수면 위로 물고기, 자라, 물뱀 등의 시체가 가득하였다.

　물의 정령이 승리를 확신할 수 없게 되자 철병할 것을 명령하였다. 이로부터 산의 정령과 옥화는 산원산에서 행복한 생활을 할 수 있었다.

　그러나 물의 정령은 패배를 받아들일 수 없어 지금까지도 호시탐탐 복수의 기회를 엿보고 있기 때문에 매년 7·8월이 되면 항상 폭풍과 폭우가 몰려와 사람들에게 재해를 일으킨다. 사람들은 이것은 바로 물의 정령이 산의 정령과 싸워 옥화공주를 쟁탈하고자 하는 것이라고 생각한다.

바다의 신

아주 오랜 옛날 거북이가 한 마리 살았는데, 그 크기가 얼마나 큰지 말로는 형용할 수가 없었다. 거북이는 동해 바다 깊은 곳에 조용히 누워 먹지도 마시지도 않았으며, 심지어 잠도 자지 않았다. 거북이는 더 자라지도 않았으며, 또한 작아지지도 않았다. 거북이가 하는 일은 숨을 쉬며 생명을 유지하는 것 뿐이었다. 매번 숨을 들이마실 때마다 바닷물이 뱃속으로 들어갔다가 숨을 내쉴 때 뱃속의 바닷물이 입을 통해 뿜어져 나왔다. 그리하여 밀물과 썰물의 현상이 생기게 되었다. 거북이는 조용히 엎드려 있다가 가끔 피곤을 느끼게 되면 기지개를 켜듯 사지를 죽 뻗고 몸을 좌우로 흔들어 댔다. 거북이가 몸을 흔들 때마다 바다 위에 광풍이 불면서 거대한 파도가 일어나 육지가 물속에 잠기게 되었다. 그 후 거대한 파도 때문에 육지가 물에 잠기면 경족京族 사람들은 사나운 파도는 바다의 신이 몸을 움직이면서 일으키는 "신의 파도"라고 여기게 되었다.

해와 달을 주관하는 두 여신

천제가 하늘을 떠받치는 기둥을 만들어 하늘과 땅으로 갈라놓은 후 대지는 축축하고 깜깜한 어둠이 가득하였다. 오래지 않아 천제 부인의 명으로 해와 달의 두 여신이 대지를 비추자 대지 위에 가득 차있던 축축한 습기가 모두 사라지게 되었다.

해의 여신과 달의 여신은 자매로, 천제의 딸들이었으며 매일 돌아가며 인간세상의 상황을 살피는 일을 하였다. 해는 낮에 나와 운행하고, 달은 밤에 나와 운행하며 서로 임무를 교대하였다. 해의 여신이 가마를 타고 순시를 할 때 가마꾼들은 두 개의 조로 나뉘며, 매 조는 4명인데 한 조는 나이가 많고 한 조는 나이가 젊은 사람들로 구성되어 있었다. 젊은 가마꾼들이 가마를 들 때는 정신을 집중하지 못하고 여기저기 두리번거리며 걷다가 쉬다가를 반복하니 해는 어쩔 수 없이 항상 늦게 집으로 돌아가게 되었다. 그렇기 때문에 인간 세상의 낮이 점차 길어지게 되었다. 이와는 반대로 나이 든 사람들이 가마를 들 때는 온 마음을 기울여 앞으로 나갔기 때문에 걷는 속도가 비교적 빨라 해가 집으로 돌아가는 시간도 비교적 빠르게 되었다. 그래서 인간세상의 낮 시간이 아주 짧아지게 되었다.

그 때 해와 달이 모두 매우 밝았기 때문에 아주 뜨거웠다. 동생인 달의 성격이 언니인 해의 성격보다 사납고 조급하여 그녀는 자신의 뜨거운 열기를 대지 위에 사납게 뿜어내었다. 그러자 대지 위의 강물이 마르고 날씨는 점차 뜨거워져 열기에 휩싸이게 되었다. 사람들은 고난이 가중되자 원망의 소리가 도처에 가득하게 되었다. 천제의 부인은 인간의 고충을 이해하고 자신의 딸인 달의 여신 얼굴에 재를 발라놓았다. 이로부터 달의 여신은 온유하고 선량한 모습으로 변하였고, 달에 대한 인간세상 사람들의 태도 역시 증오에서 사랑으로 바뀌게 되었다.

 달의 여신의 성격이 바뀌게 된 것은 또 다른 원인 때문이었다고도 전한다. 달의 여신이 인간세상을 순시할 때 하나의 습관이 있었다. 즉 아래로 내려와서 인간의 활동을 살펴보는 것을 좋아했다고 한다. 그런데 자신도 모르게 너무 아래로 내려와 그녀 얼굴에서 뿜어져 나오는 열기로 인해 사람들에게 커다란 재난과 공포를 가져다주게 되었다. 사람들은 달을 저주하며 그녀의 얼굴을 가리거나 멀리 물러나게 하여 고통으로부터 벗어날 수 있기를 간절히 바랬다. 그 때 키가 크고 힘이 보통 사람을 능가하는 아괴阿拐라는 사람이 인간들에게 고통을 주는 달의 여신을 혼내 주기로 결심하였다. 그는 높은 산에 올라가 산 정상 위에서 때를 기다렸다. 이날도 달의 여신은 이전과 같이 아래로 낮게 내려와 만물을 관찰하고 있었다. 아괴는 달의 여신이 가까이 오기를 기다렸다가 손에 쥐고 있던 모래흙을 달의 여신 얼굴에 뿌렸다. 아괴는 쉴 새 없이 모래흙을 뿌렸고, 붉게 타오르던 달의 여신의 얼굴은 차츰 온도가 내려가기 시작하였다. 산 아래에서 보고 있던 사람들은 기쁨의 환호성을 질렀다. 달의 여신은 갑자기 모래흙이 뿌려지자 눈조차 뜰 수 없어 급히 높은 곳으로 물러나고 말았다. 이후 달 여신은 감히 다시는 낮은 곳에 내려와 세상을 관찰하지 못하였다. 그녀의 얼굴은 모래흙에 쏠려 더 이상 전처럼 밝지 못하고 어두운 빛으로 변하여 부드럽고 따뜻한 빛으로 세상을 비추기 시작하였다. 사람들은 달의 여신이 인간 세상을 굽어보는 때가 바로 음력 15일이며, 인간 세상에서 얼굴을 돌려 외면하는 때가 바로 음력 30일 혹은 초하루라고 말한다. 달의 여신이 오른쪽을 보면 상현달이고 왼쪽을 보면 하현달이다. 달무리가 나타나는 까닭은 달의 얼굴 위에 재와 모래흙이 나타나기 때문이다.

해의 여신과 달의 여신 두 자매는 곰에게 시집을 갔는데, 남편인 곰이 이들을 찾아 올 때면, 인간 세상에는 일식이나 월식이 출현한다. 일식이나 월식이 출현하게 되면 사람들은 곰이 놀라서 도망가도록 징과 북을 치거나 절구공이질을 한다. 그렇게 하지 않으면 그 해 추수에 많은 좋지 않은 영향을 받게 된다고 여기기 때문이며, 또한 해의 여신과 달의 여신이 자신들의 임무를 잊지 않도록 일깨우기 위함이다.

뇌공신

천둥은 우레 또는 뇌공雷公이라고도 부르는데, 천제의 수하 무장이다. 그는 용모가 흉악하게 생겼을 뿐만 아니라 큰 소리로 고함을 치면 온 천지가 진동하였다. 천둥신은 천제의 뜻을 받들어 인간세계에서 법을 집행하는 대리자 역할을 하였다. 천둥신은 한 자루의 돌도끼를 사용하여 죄가 있는 사람뿐만 아니라 동물 혹은 초목에게도 벌을 내렸으며, 법의 집행을 대단히 신속하게 처리하였다. 그는 한 순간에 다가가 손에 든 깃발로 사람이나 동물의 정수리, 혹은 식물의 끝 부분에 일격을 가한다. 어떤 때 천둥은 그냥 도끼를 던져버리고 빈손으로 하늘나라로 돌아갈 때도 있다. 매년 겨울철이 되면 천둥신은 활동을 멈추고 그 다음해 2, 3월까지 깊은 잠을 자다가 깨어나서 다시 일을 시작한다.

천둥신은 성질이 급해 천제의 분부가 떨어지면 가끔 일의 옳고 그름을 따지지 않고 곧장 달려가서 일을 급히 처리하였기 때문에 어떤 때는 무고하게 벌을 받아 희생당하는 경우도 생겼다. 이로 인해 그는 늘 천제로부터 질책을 당하고 벌을 받았다. 한번은 천둥신이 실수로 좋은 사람을 잘못 벌하는 사건이 일어났다. 이에 천제는 크게 화가 나서 천둥신을 하늘나라 선림仙林의 구석진 곳에 꼼짝 못하게 눕혀 놓고 그의 불같은 성질을 다스리고자 하였다. 천제는 또한 자신이 기르는 신조神鳥로 하여금 가끔씩 천둥신을 쪼게 하였다. 천둥신은 신조에게 쪼일 때마다 몸서리칠 정도로 아팠지만 감히 화를 낼 수가 없었다. 이렇게 오랜 시간이 흘러가자 천둥신은 신조가 지저귀는 소리만 듣고서도 놀라 온 몸을 벌벌 떨게 되었다. 그래서 사람들은 하늘에서 번개가 번쩍이면 머지않아 천둥신이 곧 닥칠 것이라는 것을 알기 때문에 "구구"하고 새 소리를 흉내 내어 천둥신이 놀라 도망치도록 한다고 전한다.

바람의 신

바람신의 외모는 매우 독특하여 머리 없이 둥글둥글한 모양의 몸만 가지고 있다. 바람신은 신기한 부채가 있어서 부채를 부치면 바람이 일고, 멈추면 바람이 멈추며, 살살 부치면 미풍이 일어나고, 세게 부치면 거센 폭풍이 일어난다. 그렇지만 바람을 거세게 하거나 약하게, 또 미풍이나 태풍을 불게 하는 것은 모두 천제의 명령을 따라야만 했다. 바람신은 가끔 비의 신·천둥신 등과 서로 힘을 합치기도 하는데, 이런 날이면 아주 나쁜 날씨가 되고 만다. 바람신은 날씨가 좋을 때도 늘 한가로이 돌아다닌다. 가끔 대지 위에는 바람이 빙빙 돌면서 기둥 같은 모양을 만들기도 했는데, 사람들은 이러한 바람을 "머리 없는 신"의 형상이라고 불렀다.

바람신에게는 아들이 하나 있었는데, 대단히 장난꾸러기였다. 어느 날 바람신이 외출하고 집을 비운 사이 그의 장난꾸러기 아들은 아버지의 보선寶扇을 들고 부채질을 하였다. 이 때 마침 하계에서는 어떤 사람이 연못에서 쌀을 일고 있다가 갑자기 일어난 광풍에 그만 손에 들고 있던 키를 놓쳐서 쌀이 모두 진흙 속으로 쏟아져버렸다. 그 해는 천재天災로 인해 곡식을 수확하지 못해 온 나라에 기황이 들었고, 설상가상으로 이 사람의 처가 마침 병이 들어 집에 누워 있었다. 그는 하루 종일 병든 아내를 위해 쌀을 구하러 여기저기 힘들게 돌아다니다가 아주 먼 곳에서 겨우 한 움큼의 쌀을 구했다. 그는 그 쌀로 병들어 누워 있는 아내에게 죽을 끓여 먹일 생각이었다.

그 사람은 바람이 쌀을 진흙 속으로 날려버리는 것을 보고 어찌 해야 할 바를 몰라 그만 울음을 터뜨리고 말았다. 그는 바람이 몹시 원망스러워 천제에게 이 일을 고하였다. 일의 전후 사정을 들은 천제는 몹시 화가 나서 바람신에게 죄를 물었다. 바람신은 자신의 아들이 집에서 일을 저질렀다는 사실을 인정하고 평소 자신이 자식을 엄하게 교육시키지 못한 것을 후회하였다. 천제는 바람신의 아들의 죄를 용서할 수 없는 죄라고 여기고, 그 벌로 바람신의 아들을 인간 세상에 내려 보내 피해를 당한 사람을 위해 소를 키우도록 하였다. 얼마 후 천제는 다시 바람신의 아들을 한 그루의 나무로 만들어 버렸고, 사람들은 그 나무를 "바람에 보복한 나무"라고 불렀다. 바람이 불려고 하면 "바람에 보복한 나무"의 잎사귀가 곧바로 오므라들기 때문에 사람들은 바람이 곧 불어 올 것이라는 사실을 알 수 있었다. 밭갈이 하던 소가 감기에 걸려 병이 났을 때, 사람들이 이 나무의 잎사귀를 가져다 소에게 먹이면 신통하게도 소의 병이 치료되는 효과가 있다고 전한다.

불의 신

불의 신인 화신火神은 흉악한 얼굴을 한 노파로, 신기한 불씨를 가지고 있는데, 빈 솥을 불 위에 올려놓기만 하면 솥 안에서 향긋하고 구수한 냄새가 물씬 나는 음식들이 쏟아져 나왔다. 그러나 그녀의 신불은 하늘나라에서만 사용할 수 있고, 인간들은 사용할 수가 없었다.

옛날 한 노인이 밀림 깊은 곳에서 화신이 켜놓은 모닥불을 발견하였다. 그때 공교롭게도 화신이 자리를 비우고 없었다. 노인은 매우 기뻐 손이 가는대로 대나무 마디를 베어 빈 대나무 통을 모닥불 위에 올려놓고 태웠다. 잠시 후에 대나무 통 속에서 향긋한 냄새가 나는 쌀밥이 나오고 물고기와 고기도 나왔다. 노인은 음식을 커다란 나뭇잎에 쏟아놓고 배부르게 먹고 나서 그 자리에 누워 잠이 들었다. 그런데 뜻밖에도 노인이 잠들어 있을 때 화신이 돌아왔다. 그녀는 낯선 사람이 자기의 신불을 사용한 것을 보고 대단히 화가 나서 몸에 지니고 있던 호로병을 꺼내 물로 모닥불을 끄고 밀림을 떠나 버렸다. 노인이 잠에서 깨어나 모닥불이 꺼져 있는 것을 보고 화신이 돌아와서 불을 꺼버렸다는 사실을 알았다. 그러나 노인은 남아 있는 재를 휘저으며 아직 꺼지지 않은 불씨가 남아 있나 살펴보았다. 과연 붉은 불씨가 남아 있는 숯조각을 발견하였다. 노인은 너무 기뻐 급히 몸 위에 두르고 있던 천으로 숯 조각을 싸서 집으로 가지고 돌아와 아궁이에 넣고 불을 붙였다.

이때부터 노인의 집에는 음식이 풍부하여 한 가족이 지내기에 부족함이 없었다. 노인은 불씨가 꺼지지 않게 매일 조심스럽게 불씨를 돌보았다.

하루는 노인이 일이 있어 밖에 나가고 없었다. 마침 며느리가 집 밖에 있는 냇가에서 물을 길어 돌아와 보니 아무도 없는 집안에 불꽃이 아궁이 근처의 대나무 울타리까지 옮겨 붙어 있었다. 그녀는 급히 항아리 속의 물을 퍼서 집안 곳곳에 뿌려 놓았다. 노인이 돌아왔을 때 불은 완전히 꺼져버리고 집안은 온통 물에 젖어 작은 불씨도 찾을 수가 없었다. 노인의 가족은 신불을 잃어버리고 나서 생활이 다시 어려워지게 되었다.

화신은 수하들을 인간 세상에 자주 보내 화재를 일으켜 사람과 삼림에 커다란 재난을 가져다주곤 하였다. 사람들은 파란색의 불꽃이 지붕 위에서 타오르는 것을 보기만 해도 바로 화신이 한 짓이라는 것을 알았다. 화신의 수하 가운데 발勃이라는 녀석이 가장 악하여, 오랫동안 화신을 따라 다니며 온갖 나쁜 짓을 다 하였다. 어느 날 그가 화신의 불씨를 훔쳐 도망갔다가 후에 화신에게 붙잡혀 18층 지옥으로 떨어졌다고 한다.

토지신

　　토지신은 몸이 가늘고 길어 그 모양이 한 마리의 용과 비슷했기 때문에 토지용신이라고도 부른다. 토지신은 항상 노인의 형상으로 출현하며, 지하에서 생활하지만 지상에서 일어나는 일을 자신의 손금 보듯 훤히 안다. 매년 마지막 7일은 토지신이 하늘에 올라가 천제께 자신의 업무를 보고하는 기간이다. 그렇기 때문에 토지신이 없는 7일 동안 지상의 모든 활동은 잠시 멈추게 되는데, 모든 만물 역시 활동을 멈춘다. 음력 12월 30일에 그가 인간 세상에 돌아오면 만물이 홀연히 꿈속에서 깨어나듯이 정상으로 회복된다. 토지신이 하늘에 올라간 7일 동안 사람들은 밭을 갈거나 땅 파는 것을 금지하고 정월 초이튿날이 되서야 비로소 토지신에게 제를 지내고 동의를 얻어 금기를 깬다. 만일 금지 기간 동안 토지신의 동의 없이 마음대로 땅을 파게 되면 반드시 처벌을 받게 된다. 토지신은 신통력이 대단하여 순식간에 큰 산을 옮겨 놓거나 대지를 황무지로 만들 수도 있다.

　　천신이 밤사이에 작은 강물이 흐르는 강가 기슭에 성을 세우고자 하였다. 이 작은 강은 바로 베트남 북쪽 양산諒山 지역의 기궁하其窮河였다. 천신이 땅을 파고 성을 쌓으려고 할 때 토지신이 갑자기 천신 앞에 나타나 천신에게 무엇을 하려고 하는지 물었다. 이에 천신이 대답하였다.

"내가 그대를 도와 성을 하나 쌓으려고 합니다."

"안됩니다! 여기 토지는 내가 관할하는 곳이기 때문에 내 허락 없이는 이곳에 성을 쌓을 수가 없습니다."

"누구를 막론하고 내가 하는 일을 막을 수는 없습니다."

천신은 조금도 양보하지 않고 날이 밝기 전에 성을 완성하려고 마음먹었다. 하지만 토지신은 이를 적극적으로 저지하였다. 천신이 강 우측에 기를 쓰고 성을 쌓아 날이 밝기 전에 거의 완성이 되어 갈 무렵 갑자기 토지신이 석산을 옮겨와 천신 앞을 가로막아 버렸다. 천신이 석산을 원래 있던 곳으로 던져놓자 토지신이 또 석산을 옮겨오기를 두 번이나 반복하였다. 천신은 토지신이 또 석산을 옮겨와 자신의 일을 방해하려고 하는 것을 보고 몸에 차고 있던 활을 꺼내 석산을 향해 활을 쏘았다. 이때 토지신은 한 손으로 천신이 석산을 옮기지 못하도록 하고, 또 다른 한 손으로는 석산에 꽂힌 화살을 뽑아 한쪽으로 던져 버렸다.

천신은 토지신이 기를 쓰고 저지하자 이미 반 이상 쌓은 성을 포기하고 강 좌측 기슭으로 옮겨 다시 성을 쌓기 시작하였다. 천신은 더욱 빠른 속도로 성을 쌓아 그동안 허비한 시간을 보충하려고 애썼다. 천신이 서쪽과 남쪽 성문을 쌓았을 때 잠시 보이지 않던 토지신이 다가와 다시 저지하였다. 천신이 한껏 힘들여 성을 쌓고 있는데 갑자기 닭 울음소리가 들려 왔다. 닭 울음소리를 들은 천신은 당황하기 시작하였다. 만일 날이 밝아 천제께서 미완성의 성을 발견하시고 지난밤에 사사로이 인간 세상에 내려 온 것을 아시게 되면 죄가 더욱 무거워질까 두려워졌기 때문이다.

천신은 성 쌓는 일을 중지하고 먼 곳에서 산을 옮겨와 아직 완성되지 못한 성을 묻어버리고 하늘나라로 돌아갔다. 천신이 하늘나라로 돌아간 지 한참 되었지만 날이 밝지 않자 비로소 토지신이 닭 울음소리로 성 쌓는 일을 방해했다는 사실을 알게 되었다.

오늘날 양산 지역에서 옛 성벽의 흔적을 볼 수 있으며, 그 근처에는 석산이 하나 있고, 산중에는 동굴이 있다. 이 산의 이름은 비위산非衛山이라고 하며, 바로 토지신이 천신이 성 쌓는 것을 저지하기 위해 옮겨온 석산이라고 전한다. 지릉支棱14) 지역에는 토산土山이 하나 있고, 토산 서남쪽에서도 역시 성벽의 흔적을 볼 수 있다. 사람들은 이 토산이 바로 그 때 천신이 성을 묻은 산이라고 하며, 성벽은 그 때 천신이 쌓은 것이라고 하지만 결국 완성되지 못하고 말았다.

전하는 이야기에 의하면, 토지신이 한번 인간에게 매를 맞은 적이 있다고 한다. 젊은이는 일 년 내내 힘들여 일을 했지만 가난을 벗어날 수가 없었다. 젊은이는 주위의 사람들이 자기보다 더 잘 사는 것을 보고 불공평하다는 생각이 들어 하늘에 올라가 천제를 뵙고 시비를 가려보기로 결심하였다.

---

14) 베트남의 북쪽 지역에 위치한 지역이다.

젊은이는 길을 떠나 여기 저기 하늘로 통하는 길을 물으며 90일을 걸었지만 여전히 찾을 수가 없었다. 하루는 젊은이가 수풀 속으로 걸어 들어갔다. 하늘은 이미 어두워져 앞을 볼 수가 없자, 그는 어쩔 수 없이 가던 길을 멈추고 나무 옆에서 잠을 자려고 준비하였다. 그러나 수풀 속에 모기가 너무 많아 잠을 잘 수가 없자 그는 나뭇가지를 잘라서 모깃불을 놓았다. 뜻밖에도 고목나무가지 가운데 침향나무가 몇 가지 섞여 있어서 불을 붙이자 짙은 향기가 피워 오르며 하늘나라까지 올라갔다. 천제께서 향기를 맡으시고 토지신에게 누가 무슨 일 때문에 침향을 피우는지 알아보도록 분부하셨다.

토지신이 가까이 다가가서 젊은이에게 어디로 가며 무슨 일이 있는지 물었다. 이에 젊은이가 대답하여 말했다.

"저는 천제께 따지고 싶습니다. 왜냐하면 천제께서는 너무 불공평하시기 때문입니다. 다른 사람들은 먹고 입는 것을 걱정하지 않아도 될 정도로 부유한데, 저는 왜 항상 가난으로 고통 받아야 합니까?"

토지신이 이 말을 듣고 나서 말했다.

"내가 그대 대신 천제께 보고를 드리고, 그대가 100살까지 살 수 있도록 하면 어떠하겠나?"

젊은이가 대답하였다.

"싫습니다. 100살까지 살면서 가난하게 산다면, 차라리 잘 먹고 잘 입으며 30살까지 사는 것만 못할 것입니다."

토지신이 대답하였다.

"그렇다면 내가 그대의 요구를 천제께 전해드리도록
하겠네."

젊은이가 앞으로 다가가 토지신을 꽉 붙잡고 말했다.

"지금까지 발이 부르트도록 천제를 찾아다녔습니다.
오늘 당신과 함께 하늘나라에 가서 천제를 뵙고 시비
를 따져 보려고 합니다."

젊은이는 토지신을 더욱 힘을 주어 움켜잡았다. 토지신은 다급한 마음에 겁을 주며 말했다.

"그대가 이렇게 무례하니 천제께 가서 그대를 더욱
가난하게 만들어 주시길 부탁드려야겠네."

토지신은 이렇게 말하면 젊은이가 손을 놓으리라고 생각하였다. 그러나 뜻밖에도 젊은이는 토지신의 머리를 움켜잡고 때렸다. 토지신은 대경실색하여 급히 부드러운 태도로 젊은이에게 손을 놓아 줄 것을 간청하였다. 토지신은 젊은이가 손에 힘을 푸는 기회를 틈타 사력을 다해 젊은이에게서 벗어나 하늘나라로 돌아가 버렸다.

천제는 젊은이가 감히 토지신을 때렸다는 소식을 듣고 마음속으로 이 젊은이의 용기에 감탄하여 젊은이의 소원을 들어주기로 결정하였다. 그 후 젊은이는 부자가 되어 잘 살게 되었다.

젊은이는 생활이 좋아졌지만 자신이 서른 살까지 밖에 살지 못한다는 사실을 알고 있었다. 그리하여 그는 모든 재산을 자기의 주위 사람들에게 나누어 주었다. 고마운 젊은이를 위해 사람들은 천제께 젊은이의 장수를 비는 기도를 올렸다. 천제께서는 이러한 마을 사람들의 요구를 받아들여 젊은이를 100살까지 살도록 했다고 한다.

고산대왕

　　산신은 고산대왕高山大王이라고도 불리며, 항상 백발노인의 형상으로 나타난다. 산신의 수는 아주 많으며, 산신마다 크고 작은 몇 개의 산봉우리를 자신의 영역으로 가지고 있다. 산신은 자기 영역 내에서 막강한 권력을 가지고 있어서 모든 동물이나 초목, 돌 하나까지도 산신의 명령에 복종해야 했다.

　　한 노파가 산 중에서 호랑이에게 물려가서 그녀의 아들은 매우 괴로워하며 산신을 찾아가 도움을 청하였다. 산신은 즉시 그 호랑이를 잡아서 눈에 보이지 않는 밧줄로 나무에 묶어 놓고 노파의 아들로 하여금 호랑이에게 복수를 하도록 하였다.

　　그리고 산신은 항상 사람들을 도와 도적들을 물리쳤다. 그래서 사람들은 산신을 "징벌대왕"이라고도 부른다.

　　어떤 산신은 천제의 명을 받아 인간 세상의 영웅호걸의 정기를 거두어 보관하였는데, 베트남 북쪽 의안성義安省의 금안산신金顔山神이 바로 이 일을 관장하였다. 영웅호걸이 죽으면 금안산신이 산문山門을 열고 거두어들일 준비를 한다. 죽은 영웅호걸의 정기는 붉은 빛이며, 마치 붉은 색의 긴 비단처럼 보인다. 붉은 정기가 산문으로 들어오면 산신은 즉시 문을 닫는데, 문 닫는 소리가 경천동지 할만하다.

또한 어떤 산신은 천제의 분부에 따라 금은보화를 보관하는 일을 관장한다. 그래서 산신의 허가를 받은 자만이 금은보화를 얻을 수 있으며, 그렇지 않은 이들은 이러한 재물을 얻을 수가 없다.

오늘날 베트남 중부의 청화성清化省 금구산金甌山에 천제께서 일찍이 금덩이를 가득 담은 항아리를 산 속에 묻어 두었다고 한다. 비록 항아리를 잘 막았다고는 하지만 밤만 되면 여전히 금빛이 쏟아져 나온다고 한다. 천제께서 금구산신을 보내 금 항아리를 관리하도록 하고 항아리에서 금을 꺼낼 수 있는 사람의 조건을 정해 놓았다. 그 조건이라는 것은 열 명의 아들이 있어야 하며, 또한 이 열 명의 아들이 모두 장성하여 결혼한 사람이어야 한다. 그리고 금을 꺼낼 때는 반드시 열 명의 아들이 모두 같이 와서 함께 금 항아리를 어깨에 메고 덮개를 열어야 한다. 조건에 부합되는 자들이 금을 취할 때는 산신이 절대로 간섭하지 않는다. 만일 조건에 맞지 않으면 수 천 수 만 사람이 힘을 쓰더라도 항아리의 덮개를 조금도 열 수가 없다. 반고盤古[15])가 천지를 개벽한 이래 아직까지 아무도 이 재물의 주인이 된 사람은 없다.

정왕鄭王 시기에 어떤 집에 열 명의 아들이 있었다고 한다. 정왕은 이 소식을 듣고 열 명의 아들을 데리고 산에 올라가 보물 항아리를 열 수 있는지 시험해 보고자 하였다. 그러나 형제 열 명이

---

15) 삼국시대 오吳나라 서정徐整의 『삼오력기三五歷記』에 천지와 인류를 창조한 신으로 기록되어 있다.

항아리 덮개를 열려고 할 때 아홉 명의 아들이 멘 쪽의 항아리 덮개는 쉽게 움직였지만 나머지 한 쪽은 아무리 힘을 써도 움직이지 않아 결국은 덮개를 열 수가 없었다. 정왕은 산신이 미련이 남아 보물을 가지고 가지 못하게 고의로 이렇게 하지 않았나 의심이 들었다. 후에 어떤 사람이 와서 그 집안의 열 명의 아들 가운데 하나는 양자로 친 아들이 아니라고 하였다.

이야기를 들은 정왕은 감개가 무량하여 시 한수를 읊었다.

   항아리에 숨겨둔 천제의 보물을
   구자지가九子之家야, 헛된 꿈꾸지 마라.

천신 제류와 홍수

아주 오랜 옛날, 홍수가 나기 전에 인류는 지상에서 이미 9천 년을 살아왔다고 한다. 그런데 어느 날 형제 두 사람이 밭을 갈고 있는데 저녁이 되자 그들 앞에 갑자기 한 노인이 나타나더니 두 형제가 하루 종일 힘들게 해 놓은 일을 모두 망쳐 버리고 말았다. 형이 몹시 화가 나서 노인을 죽이려고 하자 동생이 먼저 형을 설득한 후에 노인에게 왜 이렇게 했는지 이유를 물었다.

노인이 대답하였다.

"너희들은 더 이상 고생하지 말거라. 금년 7월에 큰 홍수가 나서 모든 땅이 물에 잠기고 말 것이다."

형제 두 사람은 노인이 천신 제류諸類라는 생각이 들자 급히 노인에게 어떻게 하면 홍수를 피할 수 있는지 가르침을 청했다. 노인은 성질이 급한 형에게는 철로 큰 북을 만들어서 홍수가 나면 재빨리 처자를 데리고 쇠북 안으로 피하라고 하였다. 그리고 동생에게는 나무 북을 만들어 누나를 데려 가고, 그리고 충분한 양의 곡식 씨앗과 집에서 키우는 가축 각각 한 쌍, 허기를 면할 수 있는 건량

乾糧을 준비하라고 일렀다. 형제 두 사람은 급히 노인의 말대로 북을 만들었다. 과연 7월이 되자 큰 비가 연이어 내려 모든 것이 물속에 잠기고 말았다. 형의 부부는 쇠북으로 들어가고 동생과 누나는 나무북으로 들어갔다. 그 결과 쇠북이 물밑으로 가라앉아 형 부부는 익사하였고, 누나와 동생 두 사람은 나무북 속에서 불어나는 물을 따라 하늘에 이르게 되었다.

　누나와 동생 두 사람이 하늘나라에 이르자 제류가 그들에게 어떻게 하늘나라에 이르게 되었는지 물었다. 이에 동생이 인간 세상에 홍수가 난 일을 이야기하였다. 제류가 아래를 내려다보니 과연 흰 파도가 하늘을 덮을 듯이 끝없이 일렁이고 있었다. 그리하여 제류는 바로 교룡蛟龍으로 하여금 인간 세상에 내려가 물을 없애도록 하였다. 교룡이 물을 빨아들이자 누나와 동생이 탄 나무북도 물이 빠져 나간 대지 위에 이르게 되었다. 지상은 온통 질퍽거리는 진흙탕으로 쓸쓸하고 적막하기만 하였다. 이때 갑자기 거대한 솔개 한 마리가 나무북 위에 날아와 앉았다. 누나와 동생 두 사람이 급히 솔개의 날개를 잡자, 솔개는 두 사람을 데리고 부리에는 나무 북을 물고 먼 곳으로 날아갔다. 솔개가 날고 날아서 높은 곳에 이르러 나무북과 두 사람을 내려놓았다. 두 사람을 내려놓자 먼 곳을 날아온 솔개는 배가 고팠지만 아무리 찾아도 배를 채울만한 것이 없었다. 누나와 동생 두 사람은 목숨을 구해준 솔개의 은혜에 보답하기 위해 자신의 목덜미, 팔, 다리에서 각각 한 덩이씩 살을 베어 솔개에게 먹이로 주었다. 이 때문에 훗날 인류는 뒷골과 겨드랑이, 그리고 발꿈치가 생겼다고 한다. 누나와 동생은 그 곳에 살면서 가지고 온 곡식의 씨앗을 새로 일군 땅에 뿌렸다. 시간이 흘러 동생이 아내를 맞이할 나이가 되었을 때 그는 누나를 아내를 삼고 싶었으나 누나가 거절하였다. 누나가 동생에게 말했다.

"제류는 우리 오누이가 결혼하여 부부가 되는 것을 허락하지 않으실 거야."

그러자 동생이 반문하였다.

"지금 세상에는 오직 우리 두 사람만이 살아남았는데 누나가 아니면 내가 누구를 아내로 맞이할 수 있겠어?"

그래도 누나는 거절하였다. 하지만 두 사람은 어떻게 해야 할지 몰라 제류의 의견에 따라 결정하기로 하였다. 누나와 동생 두 사람은 바위를 굴려 하늘의 뜻을 증명하기로 했다. 그들은 두 개의 바위를 산 아래로 동시에 굴렸다. 바짝 붙어 굴러가던 바위는 산 아래에 이르러서도 떨어지지 않고 서로 붙어 있었다. 그들은 또 두 개의 바늘을 동시에 하늘을 향해 던졌더니 역시 동시에 한 곳에 떨어졌다. 그들은 하늘의 뜻으로 알고 결혼하여 부부가 되었다.

결혼 후 얼마 지나서 여자는 임신을 하게 되었고, 둥그런 고기 덩어리를 하나 낳았는데, 그 표면은 딱딱한 껍데기에 둘러싸여 있었다. 부부가 딱딱한 껍데기를 깨어보니 안에는 텅 비어 아무것도 없었다. 그러나 신기하게도 깨어진 껍데기 하나하나가 모두 갓난아기로 변하기 시작하였다. 부부가 이 광경을 보고 급히 커다란 껍데기를 작게 깨뜨리자 깨어진 조각들이 다시 수많은 어린아이들로 변하였다. 이렇게 홍수가 지나가고 난 후 인류는 또 다시 이 대지 위에 번식해 나가기 시작하였다.

볍씨와 소가 된 천신

천제는 동물과 인류를 창조한 이후 벼와 면화를 만들어서 세상 사람과 동물들이 먹고 입어, 굶어 죽거나 얼어 죽지 않도록 하고자 하였다. 그래서 천제는 먼저 사람과 모든 동물의 의견을 구하고자 볍씨와 면화가 얼마나 커야 적합한지 의견을 말해 보도록 하였다. 세상에서는 한바탕 논쟁이 벌어져 모든 조수와 금수, 그리고 곤충까지 모두 각자 자신의 의견을 내세워 의견이 서로 분분하였다.

볍씨 크기의 문제에 대해서 동물들은 두 가지 의견으로 나뉘었는데, 코끼리를 대표로 한 호랑이, 곰, 표범, 코뿔소 등의 의견과 도마뱀을 대표로 한 개미, 벌, 모기 등의 의견으로 나뉘었다. 코끼리는 천제께 볍씨의 크기를 코끼리의 꼬리 끝부분으로 기준을 삼을 것을 건의하였고, 도마뱀은 너무 클 필요 없이 자신의 꼬리 끝부분을 기준으로 하는 것이 좋을 것 같다는 의견을 제시하였다.

처음에 인류가 밭에서 고생하는 수고로움을 덜어주기 위해 천제께서는 볍씨가 자생하여 익은 후에 자동적으로 사람들의 집으로 옮겨지도록 하였다. 사람들은 볍씨를 뿌리거나 수확할 필요 없이 볍씨가 익은 후에 밭에서 자신의 집까지 하나로 연결된 새끼줄을 당기기만 하면 볍씨가 개미처럼 줄줄이 새끼줄을 따라 사람들의 집으로 옮겨졌다.

그렇기 때문에 최초의 사람들은 세상에서 줄곧 곡식을 심지 않고도 먹을 수 있는 편안한 생활을 할 수 있었으나 이러한 생활은 오래가지 못하였다. 왜냐하면 옛날에 먹고 마시기만 좋아하고 일을 게을리 하던 한 부인이 있었는데, 볍씨가 익었을 때는 당연히 먼저 집안을 깨끗이 청소하고 빈 공간을 만들어 놓아야 하지만 이 부인은 이와 같은 준비를 하지 않았을 뿐만 아니라 오히려 집안을 온통 더럽고 지저분한 쓰레기더미로 가득 차게 만들어 놓았다. 익은 벼가 문을 통해 집안으로 밀려들어오자 부인은 화를 내며 결사적으로 볍씨를 두드리면서 욕을 하였고 볍씨 부스러기는 온통 사방으로 어지럽게 날아다녔다. 천제는 이 일을 듣고 대단히 화가 나서 원래의 방법을 바꾸고 말았다. 이로부터 볍씨는 작게 변했고, 익은 후에도 더 이상 스스로 사람들의 집안으로 들어가지 않았다. 이렇게 해서 사람들은 반드시 경작을 해서 수확해야하는 수고로움을 겪게 되었다.

천제는 볍씨와 풀씨를 만든 후 천신에게 명령을 내려 볍씨와 풀씨를 가지고 지상에 내려가 세상의 대지 위에 뿌려 인류와 동물들이 충분히 먹을 수 있도록 하였다. 처음에 천신은 왼손에 들고 있던 풀씨를 전부 땅에 뿌리자 풀씨가 바로 싹이 터서 자라기 시작하여 하룻밤 사이에 곳곳이 푸른 풀로 가득 차게 되었다. 이어서 천신은 오른손에 있던 볍씨를 땅에 뿌려 반 정도 파종했을 때 더 이상 파종할만한 빈 땅을 찾을 수가 없었다. 천신은 어쩔 수 없이 씨 뿌리는 일을 멈추고 남은 절반의 볍씨를 하늘나라로 가지고 돌아가는 수밖에 없었다. 그렇기 때문에 세상의 대지 위에는 풀의 생장속도가 빠르고 차지하는 면적이 넓어지게 되었으며, 농작물은 생장속도가 느리고 차지하는 면적이 좁으며 또한 사람들의 돌보는 노력이 필요하게 되었다. 만일 관리가 나쁘고 제때에 맞춰 잡초를 제거하지 않으면 오래지 않아 농작물은 무성한 잡초더미 속에 묻히고 만다.

　천신의 실책에 대단히 화가 난 천제는 엄하게 처벌을 내려 천신을 소로 만들어 풀을 주식으로 삼아 풀의 수량을 제한하도록 하는 동시에 소로 하여금 대대로 사람을 대신하여 쟁기를 끌며 밭을 갈도록 하였다고 한다.

벌을 받고 소가 된 천신

천제께서 대지를 창조하시고 인류와 짐승을 만드셨다. 그리고 사람과 동물들이 각자 대지 위에 흩어져 살도록 하셨다. 천제께서 사람과 짐승들이 굶어 죽지 않게 하기 위해 사람은 쌀과 같은 곡물과 과일을 먹고 짐승은 풀을 먹도록 규정하셨다.

천제의 충성스러운 한 천신은 비록 모습은 보기 흉하고 일 처리도 거칠었지만 건장한 몸과 착한 마음씨를 가지고 있으며, 동정심도 많았다.

어느 날 천제께서 그에게 두 개의 광주리를 주셨는데, 광주리 하나에는 볍씨가, 또 다른 광주리에는 풀씨가 담겨 있었다. 천제께서 그에게 먼저 볍씨를 뿌리도록 하셨는데, 이것은 인간이 먼저 먹을 것을 얻을 수 있도록 하기 위한 것이었다. 그런 후에 다시 풀씨를 뿌려 짐승들이 배고픔을 면할 수 있도록 하였다. 그런데 하계로 내려오던 천신은 세심하지 못한 성격으로 인해 두 개의 종자 광주리가 뒤바뀌는 실수를 저질러 그만 풀씨를 먼저 뿌리고 말았다. 들풀이 무성하게 번식하여 순식간에 대지를 뒤덮어버리자 짐승들은 평화롭게 풀을 뜯기 시작하였다. 그러자 이 착한 천신은 자기가 천제의 명령을 위반했다는 사실을 깨닫고, 급히 볍씨를 뿌리기 시작하였으나 이미 때는 늦고 말았다. 대지 위에는 이미 풀들이 무성하게 자라고 있어 볍씨를 심을 만한 땅이 얼마 남아 있지 않았다. 게다가 하늘에서 불어오는 신풍神風은 풀씨를 온 천지로 실어 날랐다. 돌이킬 수 있는 방법을 찾지 못한 천신은 하늘나라로 돌아가 천제께 고개를 숙이고 자신의 죄를 인정하였다.

이때 대지에서는 인간들이 천제를 원망하기 시작하였다.

"천제시여! 우리가 짐승보다 어디 못한 곳이 있습니까? 짐승들에게는 온 천지의 풀이 모두 먹을 것인데, 우리에게는 오직 이렇게 작은 땅에서 나오는 것만 있으니, 너무 배가 고픕니다. 천제님, 우리를 도와주세요!"

인간이 벼와 곡식을 심어 힘들게 일하며 걱정과 번거로움이 많아진 것은 모두가 이 착한 천신이 자신의 잘못을 깨닫고 볍씨를 단숨에 급하게 마구 뿌린 것이 원인이다. 볍씨는 원래 천제께서 드넓은 삼림처럼 자라도록 구상하였으나 이 때문에 한 줄기 한 줄기 나누어 자라게 되었으며, 또한 아주 약해서 늘 사람들이 세심하게 돌봐주고 부지런히 보호해 주어야만 하게 되었다.

사람들의 원망소리가 천제의 귀까지도 들리게 되었다. 천제는 인간에게 고통을 준 대가로 이 세심하지 못한 천신을 벌주기로 결심하고 이 천신을 소로 변하게 하였다.

"너의 잘못으로 인해 대지 위의 곡식이 적어지고 쓸모없는 풀만 많아졌으니 오늘 이후부터 그대는 인간

세상에 내려가 영원히 풀을 뜯도록 하거라!"

그때부터 소는 풀을 뜯어먹으며 농부를 도와 가장 힘든 일을 하게 되었다. 소가 자신이 저지른 예전의 일을 까맣게 잊어버리고 벼의 어린 싹을 먹으려고 하면, 그 때마다 농부가 긴 막대기로 호되게 소를 때린다. 우리는 가끔 사람의 일을 충실하게 도와주는 소의 몸에 착한 천신의 불행한 영혼이 깃들어 산다는 것을 잊어버리곤 한다. 이 착한 천신은 자신의 부주의로 인해 부득불 짊어져야할 벌을 받고 있는 것이다.

민 처녀가 몰고 온 추위

제는 수많은 딸을 두었는데, 그 중에서 민룻이라고 하는 딸이 하나 있었다. 민은 천성적으로 손발이 둔하여 무엇을 하든 모든 자매 중에서 손발이 가장 느렸다. 천제 부부는 가장 총애하는 막내딸이 다른 딸에 비해 영리하지 못한 것이 항상 마음에 걸렸지만 어찌할 방법이 없었다.

민 처녀는 결혼한 후 자신의 남편을 매우 사랑하였다. 날씨가 점차 추워지기 시작하자 민 처녀는 남편에게 추위를 막을 수 있는 옷을 만들어 주고자 하였으나 전에 이와 같은 일을 해본 적이 없었기 때문에 많은 시간을 허비해야 했으며, 더욱이 그녀의 손발이 둔했기 때문에 아주 많은 시간이 걸리고 말았다. 남편을 기쁘게 하기 위해 그녀는 밤낮을 가리지 않고 계속 옷을 만들었다. 날씨가 추워졌지만 옷은 아직 다 만들어지지 못했다. 겨울이 다 지나갈 때가 되었지만 옷은 아직도 만들어지지 못했다. 봄이 올 무렵에야 비로소 두 소매가 만들어졌다. 민 처녀는 여전히 계속 옷을 만들고 있었다. 정월달이 지나고 이월달이 지나서 음력 삼월이 되어서야 비로소 옷이 다 만들어졌다. 하지만 이때는 이미 날씨가 더워지기 시작할 때였다.

　민 처녀는 어쩔 수 없이 천제를 뵙고 날씨를 다시 춥게 만들어 남편이 자신이 직접 만든 옷을 입어 볼 수 있도록 해달라고 간청을 하였다. 천제는 그녀의 간청을 들어주기 위해 명령을 내려 2,3일 동안 날씨가 다시 추워지도록 하였다. 민 처녀는 날씨가 추워지자 자신이 만든 옷을 남편에게 직접 입어보게 하였다. 그녀가 보기에 크기가 적당하고 입은 것이 편안해 보이자 마음속으로 매우 기뻤다.

　이로부터 인간세계에서는 매년 음력 삼월이 되어 날씨가 더워지기 시작할 때 갑자기 한류寒流가 몰려와 2,3일간 머물게 되었다고 한다. 이런 까닭에 베트남 경족京族 사람들은 음력 3월의 한류를 "민 처녀가 몰고 온 추위"라고 여긴다.

　경족 사람들에게는 전해오는 다음과 같은 속담이 전해져 내려온다.

　　"1월에 춥다가 2월이면 따뜻해지는데, 3월에 다시 민 처녀가 찾아온다."

천제와 두꺼비의 담판

하늘나라에서 비를 관장하는 비의 신인 용은 하늘에 올라가 구름과 안개를 타고 날아다녔으며, 또한 물속에 들어가 강과 바다를 뒤집어 놓을 수 있을 정도로 기세가 대단하였다. 비의 신은 변화무쌍하여 작은 물고기로도 변할 수 있을 뿐만 아니라 몸을 수천 장의 크기로 변하게 할 수도 있다. 비의 신은 비를 내리기 전에 먼저 인간세계에 내려와 강물을 마신 후에 다시 공중으로 올라가 뱃속의 물을 뿜어내면 비가 되어 내리며, 대지를 기름지게 적셔주기 때문에 만물이 자라게 된다. 그러나 비의 신이 어떤 때는 게으름을 피워 인간세계에 커다란 재난을 가져다주기도 한다.

옛날 옛적에 3년 동안 하늘에서 비가 한 방울도 내리지 않은 적이 있었다. 태양과 달 자매도 매일 밤낮을 가리지 않고 돌아가며 대지를 뜨겁게 달구어 초목이 말라 죽고 땅이 갈라져 동물과 인류가 죽어가고 그 속에서 살아남은 사람들은 힘겹게 겨우 목숨만을 이어가는 위급한 상황이 계속되었다.

코끼리, 호랑이, 소, 말, 물소, 돼지, 토끼, 여우, 족제비, 곰, 고양이, 사슴, 두꺼비, 청개구리 등 수많은 동물들이 주야로 아직 마르지 않은 연못가 주위에 모여들어 물을 마셨다. 어느 날 동물들이 물을 마신 후 자연스럽게 모여 어떻게 하면 눈앞의 위기를 해결할 수 있을지에 대해 논의를 벌이기 시작하였다. 토론에 참가하는 동물들이 점차 늘어나자 토론 역시 더욱 치열해졌다. 치열한 토론 끝에 그들은 먼저 대표를 선발하고, 그 선발된 대표가 하늘에 올라가 천제로 하여금 비의 신에게 명하여 비를 내리도록 요청하자는 의견에 동의하였다. 처음에 모든 동물들은 토끼가 민첩하고 임기응변에 능하며, 상황에 따라 일을 잘 처리할 줄 안다고 여겨 토끼를 대표로 추천하였다. 그러나 토기가 이에 동의하지 않고 오히려 두꺼비를 추천하였다.

"두꺼비는 지혜가 많고 계략이 풍부하며, 대담하면서
도 세심하기 때문에 당연히 두꺼비를 대표로 선발해
야 합니다."

토끼의 말에 일리가 있다고 생각한 동물들은 두꺼비를 대표로 선발하는 것에 모두 동의하였다. 두꺼비는 즉시 제의를 받아들이고 여우, 곰, 호랑이에게 자기와 함께 동행해 줄 것을 요구하였다.

모든 동물들이 여우, 곰, 호랑이의 의견을 구하자 여우와 곰은 함께 갈 것에 동의했지만, 호랑이는 작은 두꺼비의 지휘를 받는 것은 체면이 서지 않는 일이라고 생각하였기 때문에 퉁명스럽게 말하였다.

"작은 두꺼비가 우리를 인솔해서 어떻게 일을 성공시
킬 수 있겠어? 두꺼비가 우리에게 동행을 요청하는
것은 좋지만, 먼저 나와 시합을 한번 해 봐야 돼. 여기 작은 연못의 이쪽에서 저쪽까지 건너뛰었다가 다시 뛰어 돌아와서 누가 더 멀리 뛰었는지를 가려 만일 두꺼비가 이기면 내가 두꺼비의 지휘를 받도록 하겠어."

두꺼비는 호랑이의 말에 동의했다. 호랑이는 몸을 훌쩍 솟구쳐 연못 맞은편 기슭으로 건너 뛰어가 으르렁하고 크게 한 번 울부짖자 두꺼비 역시 큰 소리로 말했다.

"나 건너왔다."

호랑이는 두꺼비의 소리를 듣고 다시 몸을 솟구쳐 연못을 건너 뛰어 돌아왔다. 이 때 호랑이는 이미 자신이 착지한 지점보다 먼 곳에서 두꺼비가 쪼그리고 앉아 동물들의 환호성 속에서 큰 소리로 웃는 모습이 보였다. 사실 두꺼비는 호랑이가 몸을 돌리고 뛰려고 하는 기회를 틈타 호랑이 꼬리를 물고 있다가 호랑이가 몸을 솟구쳐 뛸 때 휘두르는 꼬리의 힘을 빌려 호랑이보다 더 멀리 건너 뛸 수 있었던 것이다.

그렇지만 호랑이는 여전히 자신이 졌다는 것을 인정하지 못하였다.

"나는 동물의 왕으로써 크고 작은 모든 동물을 잡아 먹을 수도 있는데, 어떻게 너처럼 작은 두꺼비 따위에게 질 수 있단 말인가!"

말을 마치고 호랑이는 입을 벌리고 온갖 야수의 털을 한 무더기 토해 내었다. 두꺼비도 입을 벌리고 한 무더기 물건을 쏟아 냈는데, 그 중에는 두꺼비가 호랑이 꼬리를 입에 물고 건너 뛸 때 호랑이 꼬리에서 떨어져 나온 한 움큼의 호랑이 털도 있었다. 호랑이는 두꺼비 입에서 호랑이 털이 나오는 것을 보고 두꺼비가 이렇게 놀라운 능력을 가지고 있으리라고는 생각지도 못했기 때문에 깜짝 놀라고 말았다. 호랑이는 어쩔 수 없이 복종하는 수밖에 없었다. 그 후 호랑이는 더 이상 감히 말썽을 피우지 못했다.

　두꺼비가 여우, 곰, 호랑이를 인솔하고 하늘나라에 이르렀을 때, 궁전 문 앞에 놓여 있는 북이 보였다. 천제를 알현하기 위해서는 먼저 북을 쳐서 알리는 것이 하늘의 규정이다. 그래서 두꺼비는 먼저 자신과 함께 온 여우, 곰, 호랑이를 주위의 수풀 속에 숨게 한 후에 북 위에 올라가 둥둥하고 북을 치기 시작하였다. 천제는 북소리를 듣고 천신을 보내 살펴보도록 하였다. 천신이 대문에 와서 아무리 좌우를 살펴봐도 사람의 흔적을 찾지 못했다. 한참 후에야 비로소 북 옆에 웅크리고 앉아 있는 두꺼비를 발견했다. 천신은 북을 친 이가 작은 두꺼비라는 사실을 알고 무시하는 말투로 두꺼비가 하늘궁전에 무엇 때문에 왔는지 물었다. 두꺼비는 눈을 불쑥 내밀고 천제를 알현하여 따질 것이 있다고 천신에게 말했다. 천신은 대단히 가소롭게 생각하여 입을 삐죽이며 천제께 무엇을 따지려고 하는지 물었다. 두꺼비는 더 이상 천신과 말씨름을 하고 싶지 않아 다시 천제를 알현하고 싶다는 말만 되뇌었다.

　천신은 두꺼비가 자신을 안중에도 두지 않는 것을 보고, 궁전 안으로 들어가 천제께 보고를 하면서 아울러 두꺼비의 무례한 태도를 언급하였다. 이 말을 듣고 몹시 화가 난 천제는 한 무리의 신계神鷄를 보내 두꺼비를 쪼아서 쫓아 보내려고 하였다. 뜻밖에도 신계의 무리가 천문을 나서자마자 두꺼비의 지시에 따라 수풀 속에 숨어 있던 여우가 달려 나와 신계를 하나도 남기지 않고 죽여 삼켜 버렸다. 이 소식을 들은 천제는 대노하여 천구天狗를 보내 여우를 처리하도록 하였다. 그런데 천구가 문을 나서자마자 곰의 앞발에 산 채로 밟혀 죽고 말았다. 천제가 천병天兵을 보내 곰을 처리하도록 했지만 호랑이에 의해 한 명도 남김없이 모두 갈기갈기 찢겨 죽고 말았다.

몇 번 실패를 당한 천제는 작은 두꺼비가 이렇게까지 대적하기가 어려우리라고는 미처 예상치 못했다. 이 때문에 화가 나던 마음에서 점차 걱정으로 바뀌어 천신을 보내 두꺼비를 궁전 안으로 불러들여 예를 갖추어 대접하도록 명하였다. 그리고 천제가 두꺼비에게 물었다.

"그대가 이곳까지 어인 일로 왔는가?"

두꺼비는 한 순간에 의자 위로 뛰어올라 앉았다. 이어서 먼저 하계에 대한 천제의 무관심을 꾸짖고, 하계에 가뭄이 든 상황을 자세히 들려주는 동시에 즉시 비를 내려 줄 것을 요구하였다.

천제는 천신을 파견해 조사해 보고 나서 비로소 비의 신이 최근에 들어와서 잠만 자고 자신의 임무를 게을리 하고 있다는 사실을 알게 되었다. 천제는 즉시 성지를 내려 비의 신으로 하여금 하계에 내려가 강물로 비를 만들어 만물의 생명을 구하도록 하였다.

천제는 두꺼비에게 앞으로 비를 원할 때는 언제든 몇 번 부르기만 하면 그 소리를 듣고 바로 비의 신에게 비를 내리도록 하겠다고 약속하였다. 두꺼비는 이 일이 있은 후 천제의 은총을 받게 되었고, 이후 모든 동물들은 두꺼비를 새삼 다른 눈으로 보게 되었으며,

그 누구도 감히 두꺼비를 건드리지 않게 되었다.

우문의 용 선발

비의 신과 그의 수하들은 모두 용족龍族에 속한다. 용의 수가 많지는 않지만 하늘나라에서 가장 복잡하고 막중한 임무를 책임지고 있다. 구름을 삼켜 안개를 토해내고, 비를 대지 곳곳에 뿌려야 하기 때문에 항상 일손이 부족하였다. 이에 천제는 시합을 열어 재주 있는 자를 뽑아서 용이 되게 한 후 비를 뿌리는 비의 신을 돕도록 할 생각이었다. 그래서 이 시합의 이름을 "용을 선발하는 시합"이라고 불렀다.

천제는 시합 전에 세 곳의 시합 장소를 선택하였는데, 그 하나가 우문雨門[16]이고, 이외에 두 곳은 모두 용문龍門이라 부르는 곳으로, 하나는 지금의 베트남 북쪽의 홍화興化 지역에 있으며, 또 다른 한 곳은 지금의 중국 절강성에 있다.

우문에서 천제는 먼저 산의 형태를 경사진 언덕 모양으로 쪼아 내고, 그 경사진 언덕 위에 높지도 낮지도 않은 세 개의 계단을

---

16) 오늘날 베트남 북쪽의 하정河靜 지역에 위치하고 있다.

만들도록 했다. 계곡물이 경사진 언덕을 따라 내려가자 세 개의 계단은 세 개의 폭포로 변하였다. 그래서 사람들은 이곳을 "폭포수"라고 하였다.

시합 참가자가 물을 거슬러 올라 연속해서 세 개의 계단을 뛰어 넘으면 용이 될 수 있다. 첫 번째 계단을 뛰어 오르면 천신이 바로 그의 머리 위에 검은 점을 하나 찍어 표시를 한다. 두 번째 계단을 뛰어 오르면 몸이 점차 변화되기 시작하여 용의 초기 형태를 갖추게 되고, 세 번째 계단을 뛰어 오르면 꼬리부터 머리까지 완전히 용으로 변하게 된다. 천신은 천제의 명을 받아 시합을 주관하였다. 늦은 봄 음력 4월 4일, 세 개의 시합장에서 모두 동일한 시간에 시합을 열기로 결정하였다.

천제님이 용을 선발한다는 소식이 전해지자 물속에 사는 수많은 종족들이 앞 다투어 시합준비를 하느라 분주하였다. 악어와 거북이류는 동작이 느려 어쩔 수 없이 포기하였지만 다른 수족水族들은 뛰어오르는 연습을 하며 모두 한마음으로 용이 되고자 하였다. 시합하는 날이 되자 수많은 참가자들이 시합장에 모였다. 그렇지만 대부분의 참가자들은 첫 번째 계단도 뛰어오르지 못하고 시합에서 떨어지고 말았다. 심지어 우럭바리·연어·꼬치고기·가물치와 같이 건장하고 민첩한 이들도 첫 번째 폭포를 뛰어넘지 못하고 실패하고 말았다.

농어 차례가 되었을 때, 그가 힘껏 첫 번째 폭포를 뛰어 오르자 천신이 그의 머리에 검은 점을 찍어주었고, 시합장에는 환호성이 일제히 울려 퍼졌다.

"농어야! 힘내어 우문을 뛰어 넘어라!"

그러나 농어가 두 번째 폭포를 뛰려고 준비할 때였다. 농어가 위를 쳐다보자 공중에 높이 걸린 폭포에서 물방울이 휘날리는 것만 보였다. 순간 현기증이 난 농어는 두 번째 폭포를 시도도 해보지 못하고 시합에서 물러나고 말았다. 그렇지만 농어는 첫 번째 관문을 통과해 머리 위에 검은 점을 받아 체면은 세웠다. 우리가 오늘날 농어 머리 위에서 검은 점을 발견할 수 있는 것은 바로 이러한 유래에서 나온 것이다.

이어서 새우 차례가 되었다. 새우의 뛰는 능력은 농어보다 뛰어났기 때문에 몸을 한 번 솟구쳐 첫 번째 폭포를 뛰어 올랐다. 또 눈 깜짝하는 순간에 두 번째 폭포도 뛰어올랐다. 시합장에서 환호성이 울려 퍼졌다. 모두 새우가 반드시 성공할 수 있다고 생각하였다. 왜냐하면 두 번째 폭포를 뛰어 오른 순간부터 새우의 몸이 점차 변화하기 시작하였기 때문이다. 머리에는 용의 수염이 자라나고 몸에는 비늘 조각이 뒤덮였으며, 꼬리도 용의 꼬리처럼 변했다. 그러나 새우는 세 번째 폭포를 뛰어오를 때 이미 온 몸의 힘이 다해 뜻대로 되지 못하고 폭포 중간에서 아래로 떨어지고 말았다. 새우는 힘을 너무 지나치게 쓴 나머지 몸이 오그라들고 허리도 굽어졌다. 그리고 창자도 순식간에 배에서 머리 쪽으로 쏠려 버렸다. 새우도 이렇게 해서 탈락하고 말았다.

이제 잉어 차례가 되었다. 시합에 참가하기 전에 잉어 가족은 모두 충분한 준비를 했다. 시합하기 전날 그들은 큰 강에 모여 회의를 열고 모두들 성공하기 위해 열심히 시합에 임할 것을 다짐하였다. 그 중에서 잉어 한 마리가 모두에게 시합 전에 애수화艾樹花[17]를 먹을 것을 건의하였다. 그러면 정신이 맑아지고 체력이 증강되어 몸이 가벼워진다고 하였다. 강가 양쪽에 애수가 많이 자라고 있는데다 마침 꽃이 피는 시기라 떨어진 꽃잎들이 강물 위에 수없이 떠다니고 있었다. 잉어들은 이를 받아들여 물위에 떠있는 꽃잎을 먹었다. 시합이 시작되자 과연 잉어들은 모두를 놀라게 만들었다. 그들은 한 마리 한 마리 계속해서 세 개의 폭포를 모두 뛰어넘었다. 너무 맹렬하게 뛰어 오르는 바람에 계속 높은 암석에 부딪혀 탁탁 소리가 났다. 시합장에서는 하늘을 뒤흔드는 것 같은 환호성이 울려 퍼졌다. 잉어들이 세 개의 폭포를 모두 뛰어오르자 그 즉시 한 마리 한 마리 모두 용으로 변하였다. 그러자 천신은 구름을 삼켜 안개를 내뿜고 비를 뿌리는 비결을 그들에게 전수해 주었다. 천제는 이 소식을 듣고 대단히 기뻐하였다.

속담에 "초사흗날 잉어가 맹세를 하면 초나흘에 우문을 뛰어 오른다"는 말이 전한다. 그래서 우문 지역의 사람들은 음력 4월 초사흗날과 초나흗날에는 고기를 잡지 않는데, 바로 잉어를 잡아 천제의 노여움을 살까 두려워하기 때문이다.

두꺼비도 사전에 천제께서 용을 선발한다는 소식을 듣고 시합에 참가하려고 하였다. 그러나 천신이 두꺼비를 잠시 바라보더니 두꺼비는 수족에 아니기 때문에 시합에 참가할 수 없다고 하였다. 그리고 수족水族들도 역시 두꺼비가 시합에 참가하는 것을 원하지 않았다. 왜냐하면 두꺼비는 잘 뛰기 때문에 성공할 수 있는 확률이

---

17) 열대식물로 목하木荷라고도 부르는 차과茶科식물로 근피를 약용으로 사용한다.

높다는 것을 모두 알고 있었기 때문이다. 그러나 두꺼비는 적극적으로 자기도 다른 물고기와 마찬가지로 처음부터 수족의 일원이었다고 주장하였다. 천신이 보기에도 두꺼비의 말에 일리가 있어 보였으나 두꺼비의 외모가 추하다는 핑계로 시합장에서 내쫓아버렸다. 두꺼비는 여러 차례 쫓겨났지만 그때마다 돌아와 붐비는 시합장을 뚫고 들어왔다. 그러자 천신이 석회로 두꺼비 머리 위에 선을 하나 그어 놓았다. 이렇게 하면 설령 두꺼비가 시합장에 몰래 들어온다고 해도 쉽게 식별해내어 곧바로 쫓아버릴 수 있기 때문이었다.

물고기 정령

　　물고기 정령은 커다란 물고기가 수백 년을 수련하여 정령이 된 것으로, 늘 동해안에 살면서 지금의 북부 만 일대에 자주 출몰하였다. 물고기 정령의 몸은 길이가 오십여 장이나 되며, 꼬리는 배의 돛처럼 생겼다. 그리고 몸 양쪽에는 지네처럼 다리가 줄지어 나 있고, 입은 작은 배를 삼켜 버릴 수도 있을 만큼 컸다. 물고기 정령은 변화무쌍하고 신비막측하여 그 능력을 헤아리기 어려웠다. 물고기 정령이 나타날 때는 비바람이 불고 파도가 거세게 일어 배들은 항해를 포기하고 항구에 정박하여 재난을 피하는 수밖에 없었다.

　　물고기 정령은 사람을 잡아먹는 것을 좋아하여 바닷가를 지나가는 사람이나 물고기를 잡는 사람들이나 가리지 않고 마구 해를 끼쳤다. 때문에 사람들은 감히 배를 타고 바다로 나가지 못하고 몰래 해안가에서만 작은 물고기를 잡았지만 그 역시 물고기 정령의 큰 입을 벗어나지 못하고 잡아먹히는 경우가 많았다.

　　물고기 정령의 소굴은 너무 깊어 그 끝이 보이지 않는 해저와 통하는 동굴이었는데, 그 동굴 위에는 또 높고 긴 산맥이 있어 해안 지역을 두 개로 갈라놓았다. 그래서 두 지역의 주민들이 서로 왕래하기 위해서는 작은 물길을 따라 서로 오고 갈 수밖에 없었는데, 그나마 물고기 정령이 바윗돌로 물길을 막아버리는 바람에 아주 좁은 길만 남게 되어 배를 운항할 때는 매우 조심하지 않으면 안 되었다. 사람들은 일찍이 산맥에 구멍을 뚫어 양쪽지역이 서로 통하는 통로를 만들려고 했으나 석산이 너무 견고하여 이 방법도 실현할 수가 없었다. 그 유일한 수로는 여전히 물고기 정령이 점거하고 있었다. 물고기 정령은 동굴 입구에 엎드려 있다가 수로로 배가 지나가는 소리가 들리기만 하면 즉시 풍랑을 일으켜 배를 침몰시키고 사람들을 잡아먹었다.

한번은 선인仙人이 그 곳에 내려와 양쪽 지역의 주민들이 서로 왕래할 수 있게 산을 뚫어 길을 내려고 했다고 한다. 물고기 정령은 선인이 자신의 집에 통로를 만드는 것을 보고 대단히 화가 났지만 자신이 선인의 적수가 되지 못함을 알고 함부로 경거망동하지 않았다. 그러다 선인이 통로 만드는 것을 저지할 수 있는 묘책을 생각해 내었다. 물고기 정령은 흰 수탉으로 변신하여 산꼭대기 위로 날아올라가 세 번 울었다. 선인이 한창 산을 파다가 닭의 울음소리를 듣고 하늘에서 선인들의 회의를 여는 것으로 여겨 손을 멈추고 급히 하늘나라로 돌아가고 말았다. 때문에 우뚝 솟은 산이 양쪽 지역의 왕래를 계속 막게 되었다. 오늘날까지도 산중에 여전히 당시 선인이 산을 파다가 남긴 미완성의 통로 흔적이 있으며 사람들은 이를 "불도경佛淘涇"이라고 부른다.

이 지역은 맥용군이 관할하는 곳이었다. 맥용군은 자신이 다스리는 지역에 물고기 정령이 사람을 해친다는 소식을 듣고 대단히 화가 나서 물고기 정령을 제거하기로 마음먹었다. 맥용군은 큰 배를 만들고 아울러 중간에 스폰지처럼 작은 구멍이 있는 쇠 덩어리를 주조하였다. 맥용군은 쇠 덩어리를 불로 뜨겁게 달군 후에 물고기 정령의 동굴 입구로 배를 저어갔다. 사전에 수부 야차夜叉18)에게 명령을 내려 해신海神에게 파도를 일으키지 말라고 통지하였기 때문에 수면은 풍랑 없이 잔잔했다. 물고기 정령은 동굴 안에서 수면에 배가 지나가는 소리를 듣고 동굴 밖으로 뛰쳐나와 예전처럼 큰 입을 벌리고 삼켜 버리려고 하였다. 이때 맥용군은 신속하게 불에 달구어진 쇠 덩어리를 물고기 정령 입 속으로 던져 넣자 물고기 정령이 한 입에 삼켜 버렸다. 물고기 정령은 뜨거워 참을 수 없이 고통스러운데다 처음으로 사람에게 속임을 당하자 화가 머리끝까지 치밀어 미친 듯이 몸부림을 쳤다. 물고기 정령은 기를 쓰고 쇠 덩어리를 토해내는 동시에 꼬리로 맥용군의 배를 후려쳐 배를 뒤집어 엎으려고 하였다. 맥용군이 물속에 뛰어들어 물고기 정령과 격렬하게 싸움을 벌이는데, 수면 위에는 흰 파도가 온통 하늘을 뒤덮고 물방울이 사방으로 튀어 마치 거대한 회오리바람이 몰아치는 듯했다. 맥용군은 물고기 정령과 삼일 밤낮을 싸웠다. 후에 맥용군은 해신의 도움으로 물고기 정령이 일으킨 사나운 파도를 가라앉히고 깊은 심해로 도망가는 그를 저지할 수 있었다.

　물고기 정령은 처음에 맹렬한 기세를 떨쳤으나 점차 체력이 약해졌으며 뱃속의 화상으로 인해 결국 맥용군의 공격을 막아내기에도 힘겨웠다. 맥용군은 물고기 정령을 참살하고 세 도막을 내었다. 그리고 물고기 정령의 꼬리 부분의 껍데기를 벗겨 섬 위에 놓고

---

18) 두억시니라고도 하는 사람을 해치는 사나운 귀신인데 부처가 절간 초입에 절을 지키는 귀신으로 붙들어 놓았다고 한다.

햇볕에 말렸다고 하는데, 이 섬은 오늘날 베트남의 북부만에 있으며 백용미도白龍尾島라고 부른다. 그런데 예상치도 못하게 물고기 정령의 머리가 물개로 변해 바다로 도망쳤다. 맥용군이 급히 돌로 바다로 통하는 길을 막고는 물개를 참수하고 물개의 머리를 산위로 던져버렸다. 오늘날 이 석산을 일컬어 "구두산狗頭山"이라고 부른다. 물개의 몸통은 물을 따라 만구曼求에 이르렀다. 그래서 만구는 오늘날 만구수曼求水, 혹은 구만수狗曼水라고도 불리우고 있다.

여우의 정령

　물고기 정령을 죽인 후 재난이 사라지게 되자 해변가의 주민들은 다시 평화로운 생활을 하게 되었고 맥용군은 백성들에게 더욱 환영과 칭송을 받게 되었다. 맥용군은 계속 민정을 살피며 강물을 거슬러 올라 내지로 깊이 들어갔더니 내륙에 여우의 정령이 말썽을 일으켜 사람들을 해친다는 이야기를 듣고 백성들을 위해 이 요물을 제거하기로 마음먹었다.

　지금 하노이에 위치한 승용성昇龍城은 예전에 용편성龍編城이라고 일컬었다. 성의 서쪽에 있는 소력강蘇瀝江 기슭에는 작은 석산이 하나 있고, 그 산 아래에 크고 깊은 동굴이 하나 있는데 동굴 안에 꼬리가 아홉 개 달린 흰 여우가 천년동안 수련하여 요괴가 되었다. 여우의 정령은 재주를 부려 사람들에게 많은 피해를 끼쳤다. 어떤 때는 사람으로 변해 처녀들을 동굴로 데려다 함부로 욕보이기까지 하였으며, 어떤 때는 요괴로 변해 민가에 잠입하여 질병과 재난을 퍼뜨려 사람들이 안심하고 살 수가 없었다. 심지어 사람과 요괴조차 구분할 수 없는 지경에 이르자 사람들이 정상적인 삶을 살아갈 수가 없었다. 그러자 사람들은 어쩔 수 없이 여우의 정령을 피해 고향을 등지고 다른 곳으로 피난을 갔다.

여우의 정령이 횡행하는 지역의 사람들이 점차 줄어들자 여우 정령은 그 범위를 야만인들이 사는 곳까지 확대하여 말썽을 일으켰다.

그 때, 만인蠻人19) 부족 가운데 한 부락이 산원산傘圓山 주위에 살고 있었는데, 만인 부락의 주민들은 모두 흰색의 옷을 입었기 때문에 "백의만白衣蠻"이라고 불렸다. 산원산은 산의 정령이 관할하는 곳으로, 만인 부락은 산의 정령을 위해 일을 하고 산의 정령은 만인 부락 사람들에게 논에 벼 심는 방법과 베 짜는 방법을 가르쳐 주었다. 이로 인해 만인들은 먹을 것과 입을 것이 풍족하였다. 그러나 그곳에 여우 정령이 나타나자 안정된 생활을 누리던 만인들은 커다란 혼란에 빠지게 되었다. 여우의 정령은 늘 남자나 여자의 모습으로 변신해 주민들 사이에서 그들과 함께 노래를 부르거나 악기를 연주하며 자연스럽게 남녀를 유혹하여 동굴로 유인한 다음 그들을 잡아먹었다. 이처럼 사람들의 피해가 극심하였지만 여우의 정령을 굴복시킬 만한 좋은 방법을 찾지 못했다.

맥용군은 마침내 여우 정령의 소굴을 찾아내었다. 여우 정령은 살아 있는 사람을 보고 바로 뛰어나와 그를 잡아가려고 손을 뻗는 순간 맥용군이 일반사람과는 다르다는 것을 느꼈다. 여우 정령은 신통술을 부리기 시작하여 한순간 하늘을 날다가 땅 속에 숨기도 하고, 또 맹수로 변해 맥용군을 향해 어금니를 드러내고 발톱을 세

---

19) 고대 중국의 황하유역에서 활동하던 민족으로 후에 주강珠江유역과 인도차이나 반도 지역으로 이주하였다.

우며 사납게 덤벼들었다. 맥용군은 자신의 수하인 수족水族을 보내 물난리를 일으켜서 여우 정령을 잡도록 하였다. 여우 정령은 다급하게 도망가다 맥용군에게 잡혀 죽었고, 원래의 모습인 꼬리 아홉 달린 커다란 여우로 변하였다.

　　맥용군은 동굴에 들어가서 여우 정령에 의해 잡혀 온 남녀노소를 모두 구해내었다. 그런 후에 수족에게 동굴을 물로 허물어뜨리라는 명령을 내렸다. 큰물이 석산을 삼일 밤낮 휩쓸고 지나가니 깊은 연못으로 변했다. 후인들이 "호시담狐屍潭"이라고 불렀는데, 바로 지금의 하노이 서쪽에 있는 서호西湖이다.

　　맥용군은 여우의 정령을 없앤 후에 여우 정령을 피해 고향을 등졌던 사람들을 다시 돌아오도록 하였다. 주민들은 호반에서 높고 시원한 땅을 골라 촌락을 형성하였다. 그 촌락은 지금도 "호촌狐村"이라고 부른다. 후에 맥용군은 촌민들에게 호수 서쪽에 있는 넓은 땅을 경작하는 방법을 가르쳐 안락하고 풍족한 생활을 영위할 수 있도록 하였다.

나무의 정령

맥용군이 여우의 정령을 제거한 후 평원지역의 주민들은 다시 평화로운 생활을 영위할 수 있게 되고, 맥용군은 계속 민정을 살피며, 도착하는 곳마다 현지의 주민들에게 새로운 경작 기술을 가르쳐 주었다. 그렇지만 얼마 지나지 않아 봉주峰州[20] 지역에 또 요괴가 출현하여 말썽을 일으키며 사람을 해쳤다.

봉주지역에는 "선단수"라고 불리는 천년 묵은 고목이 한 그루 있었다. 나무의 높이는 천 장이나 되고 나뭇잎이 무성하여 나무그늘이 몇 천리나 되었다. 이 나무는 수천 년을 살다가 늙어서 요괴가 되었다. 요괴는 불시에 나타났다 사라지고 사람을 보기만 하면 살아 있는 채로 삼켜 버렸다. 그래서 이 지역의 사람들은 나무 정령의 이름만 들어도 놀라서 온몸을 떨고 안색이 흙빛이 되었다.

이 소식을 들은 맥용군은 사람들을 위해 나무 정령을 제거하기로 하였다. 그러나 나무 정령의 신통력이 대단하여 맥용군이 나

---

20) 지금의 베트남 북쪽의 부수성富壽省 월지越池 동남쪽에 있는 지역을 가리킨다.

무 정령과 며칠 동안 싸웠지만 이길 수가 없었다. 이어서 맥용군이 다스리는 적귀국赤鬼國21)의 적귀赤鬼가 와서 싸움을 도왔으나 역시 나무 정령에게 패배하고 말았다.

맥용군은 자신의 능력으로 제거하기 어렵다는 것을 알고 부친 경양왕涇陽王이 직접 나서 주기를 청하였다. 경양왕과 나무 정령의 서로 조금도 양보 없는 치열한 싸움으로 인해 나무가 쓰러지고 산이 붕괴되어 내려앉았다. 하지만 나무 정령이 비록 뛰어났다고는 하지만 경양왕에 비해 한 수 아래인데다 맥용군이 옆에서 도와 함께 싸우니 나무 정령은 결국 패배하고 말았다. 나무 정령은 서쪽으로 도망쳐 악귀가 되었는데, 사람들이 이 악귀를 창광마猖狂魔라고 부른다.

이로부터 맥월국貉越國은 다시 안정을 되찾았으며, 맥용군은 부하들을 거느리고 다시 해안가로 돌아가 나라를 잘 다스렸다.

그러나 창광마가 깊은 산 속으로 도망쳐 한동안 숨어 지내다가 또 다시 사람들을 귀찮게 하기 시작하였다. 비록 그가 예전처럼 그렇게 흉악무도하게 굴지는 않았지만 그래도 여전히 외진 지역에 출몰하며 사람을 잡아먹었다. 사람들이 산 중에 사당을 세우고 매년 음력 12월 30일에 살아 있는 사람을 제물로 바쳤더니 비로소 사람들에게 해를 끼치지 않았다. 그렇지만 이것도 잠시, 시간이 지나자 또 다시 사람들이 그에게 피해를 입는 경우가 생겼다. 후에 한

---

21) 신농神農의 3세 손 제명帝明이 남쪽 무령無嶺에 이르러 한 선녀를 만나 녹속祿續이라는 아들을 낳아 경양왕涇陽王에 봉하고 남방을 다스리도록 하였으며, 국호를 적귀국이라 하였다.

법사가 계책을 세워 창광마에게 묘회廟會22)의 잡기23)공연을 구경하러 오도록 유인한 다음, 그 기회를 틈타 창광마를 제거하였다.

---

22) 절 경내 혹은 절 입구에 개설되던 임시 시장을 가리킨다.
23) 서커스

산원산의 신

　산원산傘圓山 신의 이름은 향랑嵞郞이라고 하며, 맥용군과 구희가 낳은 백 명의 아들 가운데 하나이다. 향랑은 부친 맥용군을 따라 바다에 들어가 수부에 살다가 수중 생활이 몸에 익숙하지 않자 부친의 허락을 받아 육지로 돌아와 모친 구희와 함께 살게 되었다고 한다.

　산원산 신의 내력에 관련된 또 다른 이야기가 전한다. 원래 이 신은 부모에 의해 수풀에 버려졌다가 땔나무를 하러 온 나무꾼에게 발견되었고 나무꾼이 그를 아들로 삼았다. 그가 수풀에 버려졌을 때 한 달도 채 되지 않은 갓난아이였는데, 야생의 양이 갓난아이에게 다가와 젖을 먹이고, 새들이 아이의 몸을 따뜻하게 덮어 주었다고 한다. 그의 운명이 이와 같이 평범하지 않았기 때문에 기명숍命이라는 이름을 얻게 되었다.

　기명이 일을 할 수 있는 나이가 되자 양아버지는 그에게 도끼를 주고 매일 숲 속에 가서 땔나무를 해오도록 하였다.

　하루는 기명이 부친의 도끼로 큰 나무를 베게 되었다. 기명이 아침부터 날이 어두워질 때까지 잘랐지만 나무가 너무 굵고 높아서 완전히 자르지 못하였다. 어쩔 수 없이 하던 일을 멈추고 집으로 돌아온 기명은 이튿날 아침 일찍 다시 산에 올라가 나무를 자르려고 하였다. 그런데 나무 앞에 도착한 기명은 눈앞의 광경에 그만 놀라 얼이 빠지고 말았다. 어제 자신이 그렇게 힘들게 도끼질을 했건만 나무는 아무런 흔적도 없이 멀쩡한 원래의 상태를 하고 있었다. 기명은 다시 온 정신을 집중해 도끼질을 시작하였으나 또 다 베지 못하고 집으로 돌아갔다. 삼 일째 되는 날 다시 왔을 때 나무는 아무런 상처도 없이 원래의 모습을 하고 있었다. 기명은 그래도 낙심하지 않고 또 다시 도끼로 나무를 자르기 시작하였다. 그리고 이번에는 날이 어두워져도 집에 돌아가지 않고 도대체 어떻게 된 일인지 몰래 몸을 숨기고 엿보기로 하였다.

한밤중이 되자 한 노파가 나무 앞에 다가와서 나무 막대로 나무를 가리키며 나무를 한 바퀴 돌자 잘려나간 나무의 상처가 즉시 사라지고 원래의 형태로 돌아왔다. 화가 난 기명은 숨어 있던 곳에서 뛰어나와 노파에게 다가가 그리하는 이유에 대해 물었다. 노파가 대답하여 말했다.

"나는 태백신太白神으로써 나무가 훼손되는 것을 보고 싶지 않기 때문이다."

기명이 말했다.

"그러나 저는 나무를 해야 생활을 할 수는 있습니다. 도대체 제가 어찌 해야 되겠습니까?"

노파가 한참 생각을 하더니 기명에게 말했다.

"그럼 내가 이 나무 막대를 너에게 주겠다."

말을 하고 나서 노파는 나무 막대를 기명의 손에 쥐어 주고는 눈 깜짝하는 사이에 사라졌다.

하루는 기명이 밖에 나가 놀다가 강가에서 목동에게 맞아 죽은 뱀 한 마리를 발견하였다. 기명이 나무 막대로 한번 뱀을 가리키자 죽었던 뱀이 즉시 살아서 물속으로 기어 들어갔다. 며칠 후 소용후小龍侯라고 부르는 사람이 자신을 남해의 맥용군 아들이라고 하면서 기명을 찾아왔다. 그는 자신의 목숨을 구해줘서 고맙다고 기명에게 인사를 하였다. 그는 기명에게 말했다.

"제가 불행하게도 그날 목동에게 맞아 죽었는데, 다행히도 당신이 저를 구해 주셨습니다. 오늘 당신께 감사의 표시로 금은보화를 드리고 아울러 수부로 초청을 하고자 합니다."

자신이 구한 물뱀이 용왕의 아들이라고 전혀 생각지도 못한 기명은 기쁜 마음으로 맥용군의 아들을 따라 바다 밑의 용궁으로 갔다. 기명은 삼 일 동안 용궁에서 열렬한 환대를 받으며 지냈다. 기명이 용궁을 떠나 육지로 돌아오려고 할 때 맥용군이 기명에게 한 권의 책을 주면서 이 책만 있으면 원하는 것은 무엇이든 이룰 수 있다고 하였다.

기명은 용궁의 입구24)를 통해 육지로 돌아왔다. 기명은 지세가

---

24) 지금의 중국 남녕南寧지역에 위치하고 있다고 한다.

높고 앞이 훤이 트인 땅을 골라 주거지로 삼으려 하였다. 그는 홍하紅河25)를 거슬러 올라가 용편성龍編城에 도착했는데, 이곳이 바로 오늘날의 하노이 지역이다. 기명은 이곳의 풍광이 수려함을 보고 머물러 살고자 하였으나 이곳 역시 그다지 만족할 만한 곳이 못되어 다시 노강盧江26)을 거슬러 올라가 타강沱江27)지역에 이르러 보니 세 개의 산봉우리가 높이 솟은 모양이 마치 세 개의 우산을 펼쳐 놓은 듯한 형상을 하고 있는데, 대단히 아름답고 매력적인 곳이었다. 기명은 너무 기뻐 이곳에 머물러 살기로 정하고 산원산의 신이 되었다.

이어서 기명은 신통력으로 곧은 길을 만들었다. 이 길은 나루터에서 곧장 산맥의 동쪽을 향해 뻗어 있으며 길을 따라 동굴과 폭포가 많이 있다. 산원산의 신은 풍경이 수려한 곳마다 누각을 지어 놓고 유람하는 것을 좋아했지만 그래도 사람들의 괴로움만은 잊지 않았다. 이후로 산원산과 그 주위 지역은 모두 산원산의 신이 관장하게 되었다.

---

25) 중국 운남성 중부산지에서 발원하여 남동쪽에 있는 베트남 북부로 흘러들어 가는 강으로 철분을 함유되어 있어 붉은 색을 띠기 때문에 홍하라고 부른다.
26) 중국 곤명에서 발원하는 반용강盤龍江은 베트남 북부로 흘러가는데 베트남에서는 노강으로 부른다.
27) 중국 운남성 경동景東 이족자치현彝族自治縣에서 발원하여 베트남 북부 지역으로 흘러가는 강의 이름이다.

제 3 부

민 족

◆

◆

아매와 아오
인류의 이주
부엌신 조왕
천제의 딸 직녀
저승의 왕 염라
문랑국과 열국
요족의 기원
인류의 언어와 묘족의 이주
대홍수와 인류
용녀와 어부의 사랑
순임금과 남월의 선조
달 속의 거짓말쟁이

아매와 아오

옛날 아주 옛날에 홍수가 대지를 뒤덮어 온 세상이 물바다가 되었다. 마을과 집은 물론 산림 속의 나무, 심지어 높은 산까지도 모두 홍수가 삼켜버려 가장 높은 몇 개의 산봉우리만 작은 섬처럼 수면 위에 내밀고 있었다.

인류 역시 홍수에 휩쓸려갔으나 다행히도 누나와 동생 두 사람만이 살아남았다. 누나는 아매阿梅라고 부르며, 동생은 아오阿鳥라고 불렸다. 두 사람은 큰 북을 끌어안고 물위에 떠서 물결을 따라 떠다녔다.

날씨가 맑은 어느 날, 누나와 동생은 수면 위에 있는 작은 섬을 발견하였는데, 그 섬은 수목이 울창하고 과실이 주렁주렁 열려 있으며, 온갖 새들이 지저귀었다. 누나와 동생은 섬 위로 올라가 잘 익은 과일을 따서 허기진 배를 채웠다. 배가 부르자 누나가 동생에게 말했다.

"나는 여인이고 너는 남자이니 우리가 함께 있을 수는 없다. 우리 두 사람이 각자 머물 곳을 마련해 살면서 해가 뜨면 함께 들에 가서 과일을 따고 해가 지면 각자 머무는 곳으로 돌아가 잠을 자도록 하자."

이리하여 누나와 동생 두 사람은 산비탈을 사이에 두고 이쪽과 저쪽에 각자 작은 움막을 하나씩 지었다.

이튿날 아침 누나 아매가 일어나 보니 한 남자가 그녀 옆에 누워 있었는데, 자세히 살펴보니 자신의 동생인 아오였다. 아매는 몹시 화가 나서 동생을 거세게 밀면서 말했다.

"동생, 동생! 남자 아이가 크면 더 이상 한 곳에서 누나와 함께 잘 수 없는 거야. 네가 이렇게 하면 하느님의 벌을 받아 우리 오누이가 벼락에 맞아 죽을 수도 있단 말이야."

아오는 울면서 누나에게 말했다.

"누나, 오해하지 마! 어제 밤에 나는 분명히 저쪽 움막에서 잤단 말이야. 그런데 나도 어떻게 내가 여기에 누워있는지 모르겠어. 내가 고의로 한 짓이 아니니 누나가 나를 믿어줘."

이 날도 오누이는 또 들로 과일을 따러 나갔다. 아매는 동생에게 화가 나서 한 마디 말도 하지 않았다. 저녁때가 되자 두 사람은 또 각자 자기의 움막으로 돌아갔다.

이튿날 아침 날이 밝자 아오가 깜짝 놀라 일어나보니 누나가 자기 옆에 누워서 깊은 잠에 빠져 코를 골고 있었다. 아오는 누나를 흔들어 깨우며 말했다.

"누나, 누나! 누군지 모르겠지만 또 나를 이곳에 옮겨다 놓았어. 나도 내가 언제 이곳으로 왔는지 모르겠어. 내 다리는 움직이지도 않았을 뿐만 아니라 마음속으로도 이렇게 할 생각도 없었단 말이야. 누나 나를 믿어줘, 내가 말하는 것은 모두 사실이야."

오후에 아매는 또 다른 곳에 작은 움막을 하나 지었는데, 이번에는 동생도 모르게 은밀한 곳에 지었기 때문에 말을 해주지 않으면 그 누구라도 찾기 어려운 곳이었다.

그런데 이상한 것은 다음날 아침에 아매가 일어났을 때 동생이 또 자신 옆에 누워 있는 것을 발견한 것이다. 아매는 동생을 꾸짖으며 말했다.

"너 정말 나쁘구나! 차라리 내가 강물에 뛰어들어 물에 빠져 죽는 편이 낫겠다. 너는 사람도 아닌 짐승이야!"

아매는 집 밖으로 뛰쳐나오다 백발의 머리에 수염이 성성한 한 노인이 문 밖에 서 있는 것을 보고 갑자기 넋이 나가고 말았다. 노인이 말을 했다.

"애야! 움막으로 돌아가 동생 옆에 앉거라. 나는 하늘의 천신이다. 내가 너희 두 사람에게 할 말이 있다."

아매는 겁이 나서 크게 소리쳤다.

"아오, 네가 제멋대로 굴어서 하느님이 너를 잡으러 왔다!"

노인이 누나와 동생 두 사람에게 말했다.

"사람의 도리로 보면 한 배에서 나온 오누이가 결혼을 할 수 없지만, 지금 모든 사람들이 죽고 오직 너희 두 사람만이 남았다. 나는 인간이 멸종하는 것을 원치 않기 때문에 내가 아오를 누나 옆에 옮겨 놓은 것이다. 설령 너희들이 원하지 않는다고 해도 너희들은 내 말을 들어야 한다. 만일 이 땅에 사람이 없으면 금수나 조수뿐만 아니라 모든 산천이 주인을 잃고 만다. 나는 이러한 상황이 벌어지는 것을 보고 싶지 않구나. 그래서 너희 오누이 두 사람은 반드시 결혼해야 하는 것이다."

아매가 불쑥 일어나 밖으로 뛰어나가려고 하였다. 아오 역시 노인을 밀치며 움막에서 뛰쳐나오려고 했으나 두 사람 모두 노인에게 저지되고 말았다. 노인이 말했다.

"아이들아, 너희들은 내 말을 들어야 한다."

노인이 아매와 아오 오누이의 손을 잡아당기자 움막이 갑자기 삼엄하게 그들을 둘러쌌다.

이로부터 산꼭대기에는 한 쌍의 부부가 탄생하였다. 천신의 신통력으로 인해 산 위에는 과일이 사계절 동안 끊이지 않았다. 게다가 천신은 그들 오누이에게 볍씨를 가져다주었다.

일 년, 또 일 년이 지나자 아매는 많은 아이들을 낳았다. 그들은 아이들마다 파나巴那, 색당色當, 혁나赫那, 막농莫儂, 경京, 점占 등등의 이름을 지어 주었다.

홍수가 점차 물러가자 아매와 아오 부부의 눈에 산 주위의 대지가 보이기 시작하였다. 이때 아이들은 모두 성장하여 성인이 되어 있었다. 어느 날 부부는 아이들을 불러 놓고 말했다.

"홍수가 물러가고 이제 대지 위에 이미 초목이 자라기 시작하였는데, 여기서 계속 천신의 부양만 받을 수는 없지 않겠니? 아이들아, 너희들도 이미 어른이 되었으니, 어떻게 해야 할지 생각해 보렴."

맏이가 한참 생각한 후에 대답하였다.

"저희는 평지로 돌아가고 싶습니다. 우리 형제는 저마다 좋은 땅을 골라 농사를 짓다가 두 분이 그리워지면 다시 여기로 돌아오겠습니다."

어머니는 다른 아이들에게도 물었지만 다른 아이들도 맏이와 같은 생각이었다. 부부 두 사람은 아이들의 생각에 동의하였다.

이날부터 아이들은 번갈아 가며 가장 높은 나무 위에 올라가 사방을 둘러보며 자기들이 살 곳을 찾아보았다. 모두 산과 나무가 있는 곳을 고르려고 하였지만 짠 것을 좋아하는 아경阿京만은 해안가에 거주지를 마련하였다.

자식들과 헤어지는 날 아매와 아오는 아이들을 산 아래까지 배웅하였다.

"아이들아, 잘 가거라!"

이로부터 인류는 또 다시 광활한 대지 위에서 번식하며 살게 되었다. 아매와 아오의 아이들은 모두 각자 하나의 민족을 이루어 살아갔다. 즉 파나족巴那族, 색당족色當族, 혁나족赫那族, 막농족莫儂族, 경족京族, 점족占族 등등이다. 각 민족은 모두 형제자매로써 대대손손 사이좋게 오늘날까지 살아오고 있다.

인류의 이주

아주 오랜 옛날에 인류는 지하 동굴에서 생활하였다고 한다. 지하 동굴은 더럽고 비좁을 뿐만 아니라 시커먼 어둠에 둘러싸여 있었다. 사람들이 이러한 환경을 더 이상 견딜 수 없게 되자 어떻게 하면 지하 생활에서 벗어날까 궁리하였다.

어느 날 한 사람이 빛이 들어오는 갈라진 틈을 발견하고, 그 틈새를 따라 한참 걸어갔다. 걸어갈수록 그 틈새는 점차 넓어지고 공기도 맑아지기 시작하였다. 한참을 더 걸어 그는 지상에 이르게 되었다. 지상에 도착한 그는 감탄을 했다.

"아, 지상이 이렇게 좋은 것이었구나! 어쩌면 이렇게 시야가 넓고 경치도 아름다우며 공기가 맑고 깨끗할까! 어찌 지하 생활을 여기에 비할까!"

이리하여 그는 지하에 사는 모든 사람들을 데리고 지상에 올라와 살기로 결정했다. 지하로 돌아온 그는 다른 사람들에게 자신의 생각을 이야기하였고 모두 지상으로 이주하는 것에 동의하고 짐을 꾸려 이주할 준비를 하였다.

이주가 시작되었다. 건강한 남자들이 앞에서 걷고, 노인과 아이들이 중간에, 그리고 부녀자들이 뒤에서 걸어갔다. 그녀들은 담력이 없어서 혼잡한 앞쪽에서 걸어가는 것을 두려워하였다.

그들의 무리가 비좁은 틈을 지나가는데, 그만 물소 한 마리가 틈새에 끼이고 말았다. 사람들은 온갖 방법을 동원하여 물소를 빼내려고 했지만 아무런 소용이 없었다. 이렇게 하여 무리는 틈새에 끼인 물소로 인해 두 무리로 갈라지게 되었다. 앞에서 걷던 사람들은 지상에 도착할 수 있었지만, 뒤에서 걷던 무리들은 어쩔 수 없이 물소로 인해 여전히 지하에 남아 있게 되었다. 그 후 틈새에 끼인 물소는 시간이 흘러가자 점차 바위로 변해 영원히 지하와 지상으로 통하는 통로를 막아 버리고 말았다. 이대로 지하의 사람들과 지상의 사람들 사이에 연락이 끊기고 말았다.

인류는 바로 이때부터 지상에서 생활하게 되었다고 한다. 그리고 바위로 변한 그 물소를 오늘날에도 여전히 볼 수 있는데, 그 바위는 잡내고원卡內高原28)에 있다고 전한다.

---

28) 남부 아프리카의 카니에(Kanye) 고원을 가리킨다.

부엌신 조왕

조왕신은 인간의 밥 짓는 불과 연기만을 관장하며, 화신과는 반대로 성질이 온화하다. 전설에 의하면 조왕신은 한 사람이 아니라 세 사람이 변한 것이라 한다.

옛날에 한 부부가 있었는데, 남편의 이름은 중고仲高이고, 처의 이름은 씨아氏兒라고 불렀다. 부부는 여러 해 동안 함께 생활했지만 자식이 없었다. 씨아는 남편을 매우 사랑했지만 남편 중고는 하루가 다르게 난폭해져 항상 이유 없이 아내를 구타하였다. 하루는 중고가 몽둥이로 씨아를 구타하자 씨아는 더 이상 참을 수가 없어 집을 나가고 말았다.

씨아는 새로운 곳에 도착하여 범랑范郎이라는 사람에게 시집을 갔다. 이번에 결혼한 남편은 씨아를 무척 사랑하였다. 부부가 서로 사랑하면서 매우 행복하게 살았지만 씨아는 여전히 이전의 남편이었던 중고를 잊지 않고 있었다.

아내가 집을 떠난 후, 중고는 혼자서 외롭게 생활하며 자신의 잘못을 깨닫고는 아내를 찾아 나섰다. 중고는 쉬지 않고 걷다가 배가 고파져 인가에 가서 먹을 것을 청하였는데, 공교롭게도 그 집이 바로 범랑의 집이었다. 범랑은 이때 밖에 나가서 아직 돌아오지 않았고 다만 씨아 혼자 집 안에 있었다. 씨아는 한 눈에 이전의 남편을 알아보았으나, 중고는 자신의 아내였던 씨아를 알아보지 못했다.

씨아는 중고를 집안으로 들어오게 하고는 풍성한 음식을 마련해 대접하였다. 중고는 오랫동안 배부르게 먹어보지 못했기 때문에 게걸스럽게 차려 놓은 음식을 모두 먹어 치웠다. 그리고 나서 그 자리에 누워 잠이 들었다. 씨아는 범랑이 돌아와 볼까 두려워 중고를 부축해 집 밖에 있는 초막 구석 볏짚 위에 눕히고 그를 볏짚으로 덮어 놓았다.

오후에 범랑이 돌아왔다. 범랑은 잠자기 전에 다음날 작물 퇴비로 사용하기 위해 볏짚에 불을 붙였다. 이때 중고는 여전히 볏짚 속에서 잠을 자고 있었다. 씨아가 이 사실을 알고 달려 왔을 때는 이미 중고가 불에 타 죽고 난 이후였다. 씨아는 원래 좋은 마음으로 한 일이었지만 오히려 전남편을 죽게 하고 말아 상심이 매우 컸다. 하지만 이 일을 범랑에게 이야기할 수 없었기 때문에 자신도 불 속으로 뛰어들었다. 씨아가 죽자 극도로 상심한 범랑도 씨아의 시체 옆에서 죽고 말았다.

천제는 이 세 사람의 이야기에 감동하여, 이들 모두를 조왕신으로 삼고 인간의 밥 짓는 불과 연기를 관장토록 하는 한편 일 년 동안 집집마다 일어났던 일을 조사해 매년 음력 12월 23일에 하늘에 올라가 천제께 보고하도록 하였다. 조왕신은 두 명의 조수가 있는데, 하나는 잉어이고, 또 하나는 거미이다. 조왕신은 매년 음력 12월 23일에 하늘에 올라갈 때 잉어와 동행하고 거미는 조왕신을 도와 사람들에게 소식을 전달하는 일을 책임진다. 거미가 조왕신의 조수가 된 것에도 일단의 내력이 있다.

천제께서 천지를 개벽하면서 만물을 창조할 때 거미가 사람들의 집안에서 거미줄을 치고 먹을 것을 구하도록 하였다. 그래서 매번 거미는 많은 시간과 심혈을 기울여 뱃속의 가는 줄을 토해 어렵게 거미줄을 쳐 놓지만, 늘 사람들은 빗자루로 흔적조차 없이 쓸어버렸다. 거미는 끊임없이 거미줄을 쳤지만 사람들도 끊임없이 거미줄을 망가뜨렸다. 거미는 다른 방법이 없자 조왕신을 찾아가 누가 옳은지 시비를 가려주기를 청하였다. 그러자 조왕신이 말했다.

"너는 사람들의 집에 살면서 사람들에게 이로운 일은 하지 않으면서 오히려 매일 거미줄을 쳐 놓고 더러운 먼지를 잔뜩 묻혀 놓으니 사람들이 이것을 앉아서 보고만 있겠는가! 만일 거미줄을 훼손당하고 싶지 않다면 사람들이 집에 없을 때만 거미줄을 치는 것이 좋을 것이다."

거미가 대답했다.

"저도 사람들을 도와 이로운 일을 하고 싶지만, 무엇을 어떻게 해야 좋을지 모르겠습니다. 제가 어떻게 해야 할지 말씀해 주시겠습니까?"

조왕신이 한참 생각한 후에 말을 하였다.

"이렇게 작은 네가 사람들에게 큰 도움을 주기는 어렵겠지만, 내가 마침 소식을 전달해 줄 조수가 필요하니 네가 원한다면 지금부터 나를 도와 사람들에게 소식을 전해 주거라."

거미는 매우 기뻐하며 그렇게 하겠다고 대답하였다.

이후로 거미에 대한 사람들의 태도가 많이 변하였다. 사람들은 거미가 나타나면 날씨에 대해서나 혹은 다른 소식들에 대해서 알게 되었다. 이때 사람들은 서로에게 일깨우며 말했다.

"요 며칠 분명 무슨 일이 일어날 걸세, 눈 앞에 거미가 안 보이나?"

천제의 딸 직녀

　　직녀는 천제의 딸로, 민 처녀와 달리 자매 중에서도 손재주가 가장 뛰어났다. 직녀는 비단을 짜는 일을 도맡아 하였다. 그녀는 매년 수많은 아름다운 비단을 짜서 하늘나라의 모든 이들이 입을 수 있도록 하였다. 하늘에 떠있는 오색구름은 바로 직녀가 막 짜서 펼쳐놓고 햇빛에 말리는 비단이다. 직녀는 요리 또한 잘 해 냄새가 구수한 과자를 잘 만들었다. 직녀는 똑똑하고 재주가 뛰어났기 때문에 천제는 그녀에게 인간세상의 여인들의 일을 주관하도록 하였다. 직녀는 매우 부지런하여 하루 종일 피곤한지도 모르고 열심히 바쁘게 일을 했다.

　　직녀의 남편은 견우인데 두 사람에게는 예사롭지 않은 경험이 있다. 직녀가 다른 두 선녀와 함께 인간세상의 깊은 계곡 연못에 내려와 목욕을 하게 되었다. 이 연못의 위치를 아무도 모르기 때문에 인간세상에서 이곳에 와 본 이 또한 아무도 없었다. 그곳은 아주 외진 곳이어서 하늘나라의 선녀들이 항상 이곳에 와서 목욕을 하고 물을 푸기도 하였다. 어느 날 어떤 총각이 산에서 나무를 하다가 길을 잃고 헤매다가 계곡의 연못 근처에 이르게 되었다. 이 총각이 바로 견우였다. 견우는 수풀 속에서 마침 직녀와 다른 두 선녀가 하늘에서 내려와 연못 부근에 옷을 벗어놓고 연못 속에 들어가 목욕하는 광경을 엿볼 수 있었다. 견우는 조심스럽게 연못 근처로 다가가서 옷 한 벌을 집어서 수풀 속에 감추어 두었다.

세 명의 선녀가 목욕을 끝내고 연못가로 나가 옷을 입으려고 하였으나 직녀의 옷이 보이지 않았다. 두 선녀는 수풀 속에서 사람의 인기척을 느끼고 급히 옷을 찾아 입고 하늘나라로 올라가버렸다. 직녀는 옷을 찾을 수가 없어 하늘나라로 돌아갈 수 있는 방법이 없었다. 이때 견우가 수풀 속에서 걸어 나오며 직녀에게 결혼을 청하였다. 직녀는 견우에게 자신이 하늘나라로 돌아갈 수 있게 옷을 돌려 달라고 간청하였으나 견우는 들어주지 않았다. 직녀는 어쩔 수 없어 이 낯선 총각과 부부가 되어 생활하게 되었다.

일 년 후 직녀는 남자 아이를 하나 낳았다. 한번은 견우가 일이 있다고 집을 나갔다가 한참 만에 돌아왔다. 견우가 집을 비운 그 날, 직녀는 곡식을 햇빛에 말리다가 우연히 견우가 그동안 감춰 두었던 선녀 옷을 발견하게 되었다. 직녀는 선녀 옷을 입고 집안을 이러 저리 날아다니며 나는 연습을 했다. 아이는 한쪽에 앉아서 엄마가 위로 날아올랐다가 아래로 내려왔다가 하는 모습이 재미있어 보여 '하하하' 하고 웃음을 그치지 않았다. 그런데 어찌 알았겠는가, 엄마가 자신의 곁을 떠나려고 한다는 사실을! 직녀가 떠나려고 하던 그 날, 쌀을 찧어 떡을 한가득 만들어 놓고 아이에게 배고프면 먹으라는 당부의 말을 남겼다. 그리고 그녀는 머리에 있는 비녀를 뽑아 아이의 옷깃에 묶어 견우에게 남겨 주고 하늘로 날아올라 갔다.

견우가 집에 돌아와 아내를 찾았으나 보이지 않자 즉시 곡식을 저장하던 창고에 가서 살펴보니 선녀 옷이 보이지 않았다. 이어서 아이의 옷에 걸려 있는 비녀를 보고 아내가 이미 하늘나라로 돌아갔다는 사실을 알게 되었다. 견우는 매우 상심하여 매일 입맛도 없고 일도 손에 잡히지 않아 결국 아이를 데리고 아내를 찾으러 하늘나라로 가기로 결정하였다. 견우는 아이를 데리고 계곡 연못 근처에 가서 이곳에 목욕하기 위해 내려 온 직녀를 다시 만날 수 있기를 희망하였다.

부자 두 사람은 연못 근처에서 이틀 동안 기다렸으나 사람의 그림자조차 찾아 볼 수가 없었다. 3일째 되던 날, 연못에 내려와 물을 긷는 한 선녀를 만나게 되었다. 견우는 목이 마른 척 연못에 가서 물을 마시며 선녀에게 자신의 일을 설명하였다. 선녀는 견우부자를 동정하여 직녀에게 안부를 전해 주기로 했다. 견우는 또 직녀가 떠날 때 남긴 비녀를 선녀에게 주면서 직녀에게 증거로 전해주라고 부탁하였다. 오래지 않아 그 선녀가 또 물을 긷기 위해 연못에 내려왔다. 그리고 선녀는 견우부자가 직녀를 만날 수 있도록 하늘에 오를 수 있는 도구를 전해 주었다.

견우부자는 하늘에 올라가 세 사람이 서로 만나게 되었다. 그 기쁜 마음은 이루 형용하기 어려웠다. 그러나 견우부자가 하늘나라에 머물 수 있는 있는 시간은 겨우 하루뿐이었다. 천제의 명에 따라 인간은 하늘나라에 오랫동안 머물 수 없었다. 견우는 직녀와 헤어지는 것이 싫었기 때문에 규정을 무시하고 머물러 살고자 하였다. 그러나 직녀는 그에게 먼저 아이를 데리고 돌아가 있으면 자신이 천천히 천제께 간청하여 세 식구가 함께 살 수 있는 방법을 찾아보겠다고 설득을 하였다. 직녀는 견우부자가 떠나기 전에 한 보따리의 건량乾糧과 북을 하나 준비하여 건네주면서 인간 세상에 도착하면 북을 몇 번 치도록 하였다. 그러면 위에서 그 소리를 듣고 안전하게 도착했다는 것으로 알고 줄을 끊을 것이니 잊지 말 것을 신신당부하였다.

견우부자가 줄을 타고 절반쯤 내려왔을 때 아이가 배가 고프다고 칭얼대기 시작하였다. 견우는 급하게 북을 식탁삼아 건량을 꺼내어 아이에게 밥을 먹였다. 이때 한 무리의 까마귀 떼가 날아와 북 위의 음식을 쪼아 먹었다. 북은 까마귀가 쪼아대는 대로 둥둥 소리가 끊임없이 울려 퍼졌다. 하늘나라에서 시녀는 북소리를 듣고 견우부자가 이미 지상에 도착했다고 생각하여 한 번에 줄을 끊어버렸다. 줄이 끊어진 견우부자는 바다 속으로 떨어지고 말았다. 까마귀떼는 자신들이 화를 불러일으켰다는 사실을 알고 급히 하늘에 올라가 깍깍하고 울어대기 시작하였다.

천제는 이 일의 전말을 듣고 견우와 직녀가 진정으로 서로 사랑한다는 사실에 감동되어 그 두 사람의 결혼을 허락하였다. 그렇지만 견우와 직녀 두 사람은 각기 은하 건너편에 살면서 매년 7월 7일에 한번 만 만날 수 있도록 하였다. 그리고 잘못을 저지른 까마귀 떼는 7월 7일 머리가 돌 머리로 변해 견우와 직녀가 은하를 건너 서로 만날 수 있는 돌다리를 만드는 벌을 받았다.

그리하여 매년 음력 7월 7일에 인간세계의 사람들은 은하 양쪽에서 견우성과 직녀성이 서로 모이는 현상을 볼 수 있으며, 돌다리를 놓기 위해 정수리의 털이 빠진 까마귀들도 볼 수 있다. 직녀는 다만 남편과 이날 하루만 만날 수 있다는 사실에 슬퍼하며 매년 견우와 눈물로 헤어진 후 홀로 베틀에 앉아 종종 명주실을 끊어 흩뿌린다. 그래서 매년 음력 7월 중순이 되면 사람들은 하늘에서 끊임없이 명주실이 나부끼며 떨어져 지상에 서리서리 얽히는 광경을 볼 수 있다고 한다.

저승의 왕 염라

염라대왕은 천제의 명을 받아 저승을 관장하였다. 저승은 인간세계와 서로 마주보는 지하세계에 있으며, 영혼들이 모이는 곳이다. 세상 사람들이 죽은 후 다시 태어나기 전까지는 자연히 저승 염라대왕의 백성이 된다. 저승과 인간세상은 모두 정반대이다. 저승 역시 위에 하늘이 있고, 아래에 땅이 있지만 인간세상과는 방향이 서로 반대이다. 인간세상의 사람들이 위를 향해 서서 걸으면, 저승의 영혼들은 아래를 향해 서서 걷는다. 다시 말해서 저승의 영혼과 인간세상의 사람들은 서로 발을 맞대고 서 있어서 마치 강가에 서 있는 사람의 그림자가 물속에 비추는 형상과 마찬가지이다. 이 외에도 저승의 모든 것 역시 인간세상과는 반대이다. 가령 인간세상의 사람들이 희다고 여기는 것은 저승에서는 검다고 여긴다.

염라대왕은 온 몸이 칠흑 같은 검은 색이고 얼굴은 흉악하게 생겼다. 그는 일반적으로 사람들과 왕래하지 않을 뿐만 아니라 하늘에 올라가 천제를 뵙는 일도 아주 드물었다.

염라대왕은 인간세상에 시장을 하나 열었는데, 그 이름을 "맹마집孟魔集[29]"이라고 불렀다. 시장은 매년 음력 6월 초하루에 한 번씩 열리는데, 저승과 인간세상 사람들이 거래하기에 편리했다. 인간세상의 수많은 사람들은 매년 이 날 시장에 와서 죽은 가족들과 만나기도 하였다. 어떤 때는 저승의 영혼이 염라대왕의 허락을 얻어 인간 세상에 살고 있는 가족을 데리고 와서 저승 구경을 시켜주기도 하였다.

저승에서 수명이 다한 영혼은 인간세상에 다시 태어나기 전에 인류를 빚어 만드는 12명의 신파神婆가 다시 태어날 영혼을 새로 빚어 놓은 몸 앞에 놓으면 먼저 염라대왕이 태어날 영혼에게 강제로 일종의 "노盧"라고 불리는 죽을 먹인다. 죽을 먹은 영혼은 곧바로 과거의 모든 일을 하나도 남김없이 깨끗하게 잊어버리고 만다.

---

29) 오늘날 베트남 북쪽의 광안廣安 지역에 위치하고 있다.

문랑국과 열국

웅왕이 통치하는 지역은 대단히 넓어서 북으로 동정호에 이르고, 동으로는 바닷가에 이르며, 서쪽으로는 파촉巴蜀, 남쪽으로는 호손정狐猻精國30)과 국경을 접하고 있었다.

문랑국의 동쪽에 있는 한 민족은 물고기와 밀접한 관계를 가지고 있었으며, 이 민족은 큰 바다 한 가운데 작은 몇 개의 섬으로 이루어진 지역에 살고 있었다. 반고가 천지를 개벽했을 때, 그들은 바다 속의 물고기가 점차 사람으로 변해 사람의 말을 배우게 되었고, 육지에 살게 되었던 것이다. 그들은 서서 걷는 것이 곤란했으나 물속에서는 행동이 자유로웠다. 그들은 물고기를 잡아먹고 살았으며, 잡은 물고기를 내지에 가서 팔거나 쌀로 바꾸기도 하였다.

문랑국 남쪽에는 호손정국이 있었으며, 호손정국의 국왕은 십차왕十車王이었다. 십차왕은 신통력이 대단할 뿐만 아니라 사납고

---

30) 2세기 말기부터 17세기 말 베트남 중부에서 남부에 걸쳐 있던 나라인 점성占城을 일컬으며, 해상 무역으로 번영하였으나 10세기 이후에 베트남 족에게 밀려 17세기 말에 멸망하였다.

흉악한 군대를 거느리고 있었는데, 이들은 모두 얼굴에 문신을 하였다. 호손정국에서 더 남쪽으로 내려가면 묘엄국妙嚴國이라는 나라가 있었다. 이 나라의 국왕은 대단히 괴상하게 생겼으며, 열 개의 머리를 가지고 있어 십수왕十首王이라고도 불렸다. 십수왕의 신통력 역시 대단하여 변화가 무궁무진할 뿐만 아니라 은신술 또한 할 줄 알았다.

십차왕에게는 정사征思라는 이름을 가진 아들이 하나 있었으며, 정사의 아내는 백정白精이라고 하였는데, 매우 아름답게 생겼다. 십수왕은 백정이 아름답다는 이야기를 듣고 부하를 거느리고 호손정국을 쳐들어 왔다. 십수왕은 부하들에게 성을 포위하고 공격하여 호손정국의 주의력을 끌도록 하는 한편 자신은 신통력을 써서 궁전에 잠입하여 백정을 빼앗아 본국으로 돌아갔다. 정사는 아내를 빼앗기자 매우 화가 나서 사람 얼굴에 원숭이 몸을 가진 장사를 거느리고 묘엄국으로 달려갔다. 묘엄국과 호손국 사이에는 아주 좁은 바닷물이 가로 막혀 있었는데, 정사가 신통력으로 큰 산을 옮겨 바다를 평지로 메우고 부하들에게 평탄한 대로를 만들도록 명하였다. 그런 후에 큰 길을 따라 묘엄국으로 들어갔다. 치열한 전투 끝에 결국 정사는 십수왕을 죽이고 아내 백정을 되찾아 본국으로 돌아왔다.

문랑국 서쪽에는 미후국獼猴國이 있었는데, 한번은 문랑국과 미후국 사이에 국경 분쟁이 벌어지자 문랑국왕과 미후국왕은 서로 협의를 하였다. 양쪽에서 동시에 한 사람씩 파견해 상대국을 향해 걷다가 두 사람의 머리가 부딪치는 곳을 양국의 경계로 삼기로 하였다. 문랑국의 웅왕은 파야婆夜에게 이 중임을 맡겼다. 왜냐하면 파야는 체구가 크고 훤칠하여 나는 듯이 빠르게 걸을 수 있었기 때문이다. 쌍방의 대표는 큰 산이 있는 곳에서 만나게 되었다. 이 때문에 큰 산은 바로 양국의 자연 분계선이 되었다. 이 큰 산은 바로 오늘날의 장산長山산맥으로 쌍방이 서로 만난 곳은 바로 지금 베트남 하정성河靜省의 신읍인 지과반통감至挝班通坎의 협곡 입구이다. 오늘날도 사람들은 여전히 이 협곡을 파야협곡이라고 부르고 있다.

문랑국의 서쪽에는 비두락飛頭落이라는 마을이 있었는데, 이 마을에 살고 있는 사람들은 자신의 머리를 크게 한 바퀴 원을 그리며 날다가 제자리로 돌아오게 할 수 있는데, 이렇게 해도 생명에 지장이 없이 무사했다고 한다. 이외에 문랑국과 이웃하고 있는 비음鼻飮이라는 마을이 있는데, 이 마을 사람들은 코로 물을 마시고 술을 마신다고 전한다.

제 3부 민족 157

요족의 기원

　　태고시대에는 하늘도 없고 땅도 없었으며, 태양도 없고 또한 달도 없었다. 오직 요왕堯王과 반고盤古 두 사람만이 있었다. 요왕과 반고는 동시에 태어났는데, 이 세상에서 가장 먼저 출현한 인류였다.

　　요왕은 크고 밝게 빛나는 360개의 눈을 가지고 있었다. 가장 큰 두 눈은 머리 위에 나 있으며, 왼쪽의 큰 눈은 빛을 사방에 비추며 불꽃을 뿜어내는 태양이다. 오른쪽 큰 눈은 그다지 밝지도 뜨겁지도 않았는데, 이것이 달이다. 요왕의 머리는 하늘이고, 대지는 바로 요왕의 두 발이다.

　　반고는 360개의 신체를 가지고 있었다. 인류는 반고가 낳은 것으로 반무盤武는 바로 반고가 낳은 아들이다.

　　그때 중국 남방에 커다란 난리가 벌어졌다. 난리는 주로 땅을 서로 쟁탈하려고 하는 것이 그 원인이었다. 비록 중국의 황제가 여러 번 군대를 파견하여 진압했지만 난리는 쉽게 진압되지 않았다. 중국의 황제는 상대방이 이처럼 강대하자 걱정되어 무예가 뛰어난 사람을 찾기 위해 천하에 포고문을 내렸다.

'누구라도 난리를 진압하는 자는 황실의 셋째 공주를 그에게 시집보내며, 적의 장수를 죽이고 그 목을 황제에게 받치는 자는 중국 영토의 반을 하사한다'

반무는 이 소식을 듣고 즉시 중국 황제를 알현하고 자신이 이 일을 맡겠다는 의사를 밝혔다. 황제는 반무의 건장한 몸과 용맹함을 보고 대단히 기뻤으나 그가 도대체 어떤 능력을 가지고 있는지 궁금하였다. 반무는 황제가 자신의 능력을 믿지 못하고 망설이는 모습을 보고는 즉시 거대한 용으로 변했다. 용의 머리는 크기가 높은 산 만하고 몸은 큰 강처럼 길었다. 용이 몸을 펴서 중국 황제의 성을 둘둘 감싸자 성 안이 즉시 어두움에 휩싸이고 건물이 계속 흔들렸다. 황제는 놀라서 급히 반무에게 원래의 모습으로 돌아가도록 하였다. 반무는 황제가 자기의 능력을 인정한 것을 보고 원래의 사람 모습으로 변하였다.

중국 황제는 반무에게 얼마의 병사로 이 난리를 평정할 수 있는지 묻자, 반무는 좋은 말 한 필과 네 명의 마부가 필요하다고 하면서 두 명의 마부는 앞에서 길을 안내하고, 나머지 두 명의 마부는 뒤따라오면서 소식을 알아보게 한다고 하였다. 황제는 그의 요구를 들어주었다.

반무는 길일을 택하여 말에 올라 네 명의 마부와 함께 남방으로 급히 떠났다. 적이 점령하고 있는 성 아래에 도착하자 반무는 마부에게 성문 밖에서 기다리도록 하고 자신은 한 마리 개로 변해 성안으로 들어갔다. 이때 적은 승리를 축하하며 잔치를 벌이고 있었다. 적군의 장수도 마침 술에 취해 홀로 음식과 술을 퍼 마시고 있었다. 반무가 식탁 옆으로 가자 장수는 살이 붙어 있는 뼈를 반무에게 던져 주었다. 반무는 술에 잔뜩 취한 장수가 코를 크게 골며 깊은 잠에 빠지자 이 기회를 틈타 한 입에 적장의 목을 물어 뜯어 머리를 물고 성 밖으로 뛰어 돌아왔다. 반무는 두 명의 마부에게 즉시 이 소식을 중국 황제에게 전하게 하고, 그와 나머지 두 명의 마부는 뒤이어 돌아갔다.

반무가 조정에 돌아오자 황제는 약속대로 그를 부마로 삼고 나라의 절반을 주었다. 중국 황제가 반무에게 준 땅의 지세는 절반은 높고 절반은 평탄한 곳이었다.

반무와 셋째 공주는 귀각산貴咯山에 돌아가서 6남 6녀의 아이를 낳았는데, 그들이 바로 오늘날 요족瑤族의 조상이다. 그들은 높은 산 위에 살면서 산기슭의 땅을 개간하였다. 먼저 불을 놓아 산을 태우고 난 후에 나무 막대기로 땅에 구멍을 뚫고 씨앗을 뿌렸으며, 하루 종일 들짐승들과 함께 어울려 지냈다.

요족 사람들은 개와 용에게 제사를 지내는데, 이는 개와 용을 자신들의 선조로 여기기 때문이다. 그래서 요족 사람들은 개고기 먹는 것을 금하며, 부녀자들과 아가씨들은 옷 위에 개와 용의 무늬를 수놓는 것을 좋아한다.

인류의 언어와 묘족의 이주

베트남의 묘족에 전해지는 이야기에 의하면, 원래 인류는 대홍수 속에서 유일하게 살아남은 한 부부의 후손이 번식한 것이므로 처음에는 한 종류의 언어만을 사용했다고 한다. 그런데 사람들은 천당의 행복한 생활을 너무 갈망한 나머지 높은 탑을 세워 하늘에 올라가려고 하였다. 제류신諸類神이 이 소식을 듣고 말했다.

"인류가 이렇게 높이 탑을 세울 수 있는 것은 그들이 한 곳에 모여 살면서 하나의 언어를 사용하기 때문이니, 반드시 인류를 분산시켜 놓아야 되겠다!"

그리하여 제류신은 인류로 하여금 여러 가지 서로 다른 언어를 말하도록 하였고, 이로부터 인류는 언어가 서로 달라 왕래할 수 없게 되자 각자 사방에 흩어져 살게 되었다고 한다.

묘족은 사람이 점차 많아지자 강성한 민족으로 성장하게 되었다. 처음에 묘족 사람들은 아득히 멀고 추운 하늘 끝에 위치한 땅에서 살았는데, 그 곳은 일 년 내내 얼음으로 뒤덮여 있어 사계절이 모두 새하얀 세상이었다. 더구나 겨울이 6개월이나 되고, 하루의 대부분이 어두운 밤이기 때문에 사람들은 가죽 옷을 입어야만 겨울을 날 수 있었다.

묘족의 왕은 엄마 뱃속에서 3년 만에 세상에 태어났다고 한다. 묘왕은 묘족의 사람들을 다스렸을 뿐만 아니라 수많은 다른 민족도 함께 다스렸다. 한번은 묘족 사람들과 이웃 민족 사이에 영토 분쟁이 일어났는데, 묘왕이 나서서 이 문제를 해결하였다. 묘왕은 두 민족의 사람을 각 각 먼 곳으로 보낸 후 날이 어두워지면 그 곳을 출발하여 태양이 떠오르기 전에 먼저 출발지로 돌아오는 자가 땅을 차지하기로 하였다. 그리고 태양이 떠오르기 전에 도착하지 못하면 자신의 발밑에 있는 땅만을 가져야 했다. 묘족의 사람은 되돌아오다가 높은 산에 이르렀을 때 태양이 떠올랐다. 그래서 묘족 사람들은 어쩔 수 없이 높은 산 위에 정착하여 살게 되었다. 그러나 처음에 하늘 끝에 살던 묘족 사람들은 후에 점차 호남湖南, 구주九州, 운남雲南 및 베트남 서북지역으로 이주하였으며, 일부는 후에 다시 라오스로 이주했다고 한다.

대홍수와 인류

아주 오랜 옛날에 천제는 사람들이 급속하게 증가하며 나날이 문란해져가자 이런 인간들을 달갑게 생각하지 않게 되었고 그래서 대홍수를 일으켜 인간을 벌하고자 하였다. 대지가 홍수에 잠기자 헤아릴 수 없이 많은 사람과 가축이 물에 빠져 죽고 말았다. 사내아이 가포加布와 여자아이 개재蓋在는 홍수가 일어날 무렵에 커다란 호박에 구멍을 뚫어 그 안에 들어가 숨었다. 홍수가 점점 사나워져 불행하게도 모든 사람들이 재난을 당하고 호박 속에 숨어 있던 두 아이만 무사하였다. 홍수에 떠밀려 호박이 천계에 도착하자 아이들은 천제를 만나 감히 무례하게 하늘나라에 불쑥 뛰어든 죄에 대해 용서를 구하였다. 천제는 즉시 두 아이를 지상으로 돌려보내 주었고, 아이들은 부모를 따라 벼농사를 지으며 살았다.

많은 세월이 흘러갔다. 어느 날 달팽이가 두 아이에게 기어가서 그들에게 둘이 결혼하여 부부가 되라고 권하였다. 두 아이는 달팽이의 권유를 받아들여 결혼한 후 일곱 명의 아이를 낳았다. 이 일곱 명의 아이들도 역시 벼농사를 지었다.

후에 한 나무가 크게 자라 가지와 잎이 무성해지더니 하늘의

해를 뒤덮어 세상이 어둡고 추워졌다. 인간과 가축의 고통이 이루 형용할 수 없을 정도로 극심하였다. 그래서 일곱 형제는 큰 나무를 베어 인간 세상에 다시 광명을 찾아 주었다.

그런데 뜻밖에도 하늘에 아홉 개의 달과 여덟 개의 태양이 나타났다. 그 열기에 대지가 온통 거북이 등처럼 갈라지고 인간과 가축은 먹을 물이 없어 하루를 일 년처럼 여기게 되었다. 천제가 이 광경을 보시고 암탉에게 해와 달이 떠오르는 바다 맞은편에 가서 해와 달을 쪼아 떨어뜨리라고 명령을 하였다. 그러나 암탉은 수영을 하지 못 했기 때문에 어쩔 수 없이 중도에 포기하고 돌아왔다. 그러자 천제는 또 수컷 오리를 파견하여 해와 달을 쪼아 떨어뜨리게 하였다.

용녀와 어부의 사랑

영평寧平31) 지역에 한 젊은 어부가 살고 있었다. 그는 매일 그물을 치고 고기를 잡아 가족을 부양하였다. 어느 날 하신河神의 딸이 물고기로 변해 강물에서 한가롭게 헤엄치고 있었다. 그런데 갑자기 그 젊은 어부가 던진 그물에 걸려 꼼짝달싹 할 수가 없었다. 어부는 물고기를 배 옆에 붙어 있는 어망에 집어넣고는 계속 물고기를 잡았다. 용녀는 하루 종일 어망 속에서 아무것도 먹지 못하여 배가 고파 죽을 지경이었다. 이때 어부는 마침 배 위에서 밥을 먹고 있다가 그만 실수로 밥그릇을 물속에 빠뜨리고 말았다. 용녀는 어부가 쏟은 밥을 먹고 정신을 차렸다. 어부가 어망 속에서 물고기로 변한 용녀를 꺼내려는 순간 미끄러워 놓치자 용녀는 얼른 용궁으로 도망가 버렸다. 그러나 용궁으로 돌아온 용녀는 어부가 그리워서 밥도 먹지 못하였고, 얼마 후 병이 나고 말았다. 용왕은 사랑하는 딸의 병이 매우 중한 것을 보고는 마음이 아파서 딸을 사람으로

---

31) 영평성의 행정부가 있는 곳으로 하노이시에서 95km 떨어져 있다.

변신시켜 그 젊은 어부를 찾아가도록 하였다.

　어부의 집에는 계속 불행한 일이 발생하였다. 부모님이 동시에 세상을 떠났으며, 고깃배는 풍랑에 뒤집혔다. 그리고 배에 달려 있던 어망마저도 찾을 수 없게 되자 그 젊은이는 혼자 쓸쓸히 산 속 동굴에서 생활하였다. 그는 매일 강가에 가서 물고기 몇 마리를 잡아다가 시장에서 팔아 쌀로 바꿔 겨우 살아가고 있었다.

　어부를 찾아온 용녀는 어부와 가정을 꾸렸다. 비록 생활은 가난했으나 부부가 서로 사랑하고 존경하며 아주 행복하게 살았다고 한다.

순임금과 남월의 선조

옛날 순임금시대에 남월南越32) 지역에 큰 가뭄이 들고 여기저기서 난리가 일어나자 순임금은 직접 수레를 몰고 남월을 시찰하고자 하였다. 그런데 남월에 도착하자 동행하던 순임금의 딸이 갑자기 병이 나고 말았다. 순임금은 어쩔 수 없이 딸을 현지에 머물게 하며 병을 치료하도록 하고 자신은 계속 시찰에 나섰다.

순임금이 떠난 지 얼마 안 되어 딸의 병이 곧 완쾌되었다. 하루는 공주가 강가에서 놀고 있다가 인물이 출중한 한 젊은이를 만나게 되었고, 두 사람은 곧 서로 정이 깊어졌다. 그러나 젊은이는 사랑하는 이와 100개의 알을 낳은 후에 용이 되어 강물로 돌아갈 수밖에 없는 운명이었다. 그래서 젊은이는 용이 되어 강물 속에서, 순임금의 딸은 강기슭에서 살게 되었다. 그들 사이에서 낳은 알들을 물속에 집어넣자 부화되어 베트남의 선조가 되었으며 그들은 각 지역을 나누어 다스렸다. 후에 순임금이 돌아왔지만 딸은 여전히

---

32) 진말 한초 조타趙佗가 광동성과 광서성, 그리고 베트남 지역에 건립되었던 나라로 한 무제武帝에 의해 멸망되었다.

베트남에서 살았다고 한다.

달 속의 거짓말쟁이

옛날 옛적에 거짓말쟁이라는 별명을 가진 남자아이가 있었다. 아이는 매우 총명하였는데, 그 총명함을 사람을 속이는데 사용하였다. 그는 사람을 놀리고 속이는 것을 무척 좋아하였다. 주위의 거의 모든 사람들이 그에게 속았다. 뿐만 아니라 그의 부모가 돌아가신 후 그를 어려서부터 키워준 삼촌과 숙모마저도 예외가 아니었다.

어느 날, 삼촌이 아주 멀리 떨어져 있는 밭으로 일을 하러 떠나고 숙모 홀로 집안일을 돌보고 있었다. 부엌에서 바쁘게 일을 하고 있는 숙모를 보고 거짓말쟁이는 장난을 쳐서 숙모를 놀려 주고 싶은 생각이 떠올랐다. 그는 몰래 집을 나가 삼촌이 일하는 밭으로 뛰어가면서 큰 소리로 말했다.

"삼촌! 삼촌! 빨리 집으로 돌아가요! 숙모가 계단에서 넘어져서 피를 많이 흘려요. 내가 어떻게 해야 할지 몰라 이렇게 달려 왔어요."

삼촌은 생각할 겨를도 없이 급히 집으로 달려갔다. 거짓말쟁이는 지름길로 가로질러 삼촌보다 앞서 집으로 뛰어 돌아가며 숙모에게 또 큰 소리로 고함을 질렀다.

"숙모! 숙모! 삼촌이 밭에서 물소에게 받쳐 심하게 다쳤어요. 아마도 삼촌이 물소 뿔에 배를 찔린 것 같아요. 빨리 가보세요. 그렇지 않으면 죽을지도 몰라요."

그의 말이 채 끝내기도 전에 숙모는 방문을 뛰쳐나갔다. 거짓말쟁이는 달려가는 숙모의 등을 보면서 웃음을 참지 못하고 크게 웃었다.

숙모는 죽을 둥 살 둥 다급하게 뛰어가다 길모퉁이에서 마주 달려오는 사람과 그만 부딪히고 말았다. 그런데 그 사람이 바로 자신의 남편이었다. 두 사람은 아연실색하여 아무 말도 못하고 서로 마주 보고 한참 동안 서 있었다.

'아! 거짓말쟁이가 한 짓이구나!'

부부는 즉시 조카가 꾸며낸 일이라는 것을 알아차렸다. 삼촌과 숙모는 화를 참을 수가 없었다. 삼촌이 말했다.

"다시는 이 아이가 우리에게 거짓말을 하지 못하게 해야겠어."

그들은 집으로 돌아와 집 뒤에서 거짓말쟁이를 찾아내고는 커다란 광주리 속에 집어넣고 그 위에 뚜껑을 단단하게 닫아버렸다. 삼촌이 말했다.

"너는 이 광주리에서 태양이 질 때까지 꼼짝 말고 있

거라. 해가 지면 내가 네 숙모와 함께 너를 강가로 들
고 가서 강물에 던져 버려 네가 다시는 사람을 속이
지 못하게 만들거다."

날이 어두워지자 삼촌과 숙모는 광주리를 들고 강가로 갔다. 그들이 막 광주리를 강물에 던지려고 할 때, 거짓말쟁이가 소리쳤다.

"삼촌, 숙모, 제가 잘못했어요. 벌은 제가 달게 받겠지만 한가지 청이 있어요. 제게 책이 한 권 있는데 책의 제목이 바로《사람 속이는 법》이에요. 제가 이 책을 남몰래 집에 있는 쌀 바구니 뒤에 숨겨 놨어요. 저는 이 책을 꼭 지옥에 가지고 가고 싶어요."

삼촌과 숙모는 그의 요구를 모질게 거절할 수가 없었다. 그리고 삼촌과 숙모도 그 책 속에 무엇이 적혀 있는지 호기심이 생겨서 거짓말쟁이를 남겨두고 책을 가지러 집으로 돌아갔다. 거짓말쟁이는 이 기회에 광주리 속에서 나와 도망치고자 하였다. 거짓말쟁이가 광주리에 난 틈으로 밖을 엿보다가 맹인이 강가를 따라 걸어오는 것을 발견하고 급히 그를 불러 세웠다.

"맹인선생, 밝은 세상을 다시 보고 싶으면 어서 이쪽으로 오시오."

맹인이 이 말을 듣고 소리가 나는 광주리를 향해 걸어왔다.

"자, 광주리 뚜껑을 여시오. 내가 눈을 어떻게 치료하는지 당신에게 말해 드리리다."

맹인은 광주리 윗부분을 이리저리 더듬으며 힘겹게 뚜껑을 열었다. 거짓말쟁이는 맹인에게 감사하다는 말 한 마디 없이 광주리 속에서 훌쩍 뛰어나와 재빨리 도망쳐 버렸다. 삼촌과 숙모가 다시 강가로 돌아왔을 때, 거짓말쟁이는 이미 도망쳐버리고 눈먼 장님만이 치료를 기다리며 광주리 옆에 서 있을 뿐이었다. 그들은 또 속고 말았다. 거짓말쟁이는 강가 근처 죽림 속에 몸을 숨기고 이리저리 헤매다가 생각지도 못하게 황금이 가득 들어있는 상자를 발견하였다. 얼마나 운이 좋은가!

그는 황금을 가지고 집으로 돌아와 삼촌과 숙모에게 주었다. 황금이 생기자 그들의 집안 형편도 좋아졌다. 삼촌과 숙모는 어떻게든 조카의 거짓말하는 버릇을 고쳐주고 싶었다. 그들은 조카가 장가를 들면 혹시 나쁜 버릇을 고칠 수 있지 않을까하여 같은 마을에 사는 한 아가씨에게 장가를 들게 하였다. 혼인을 한 후 얼마 동안 그의 버릇이 고쳐진 듯이 보였다. 그러나 몇 달 후에 삼촌과 숙모가 차례로 세상을 떠나자 거짓말쟁이는 옛날 버릇이 다시 살아나 사람들을 속여 농락하기 시작하였다.

어느 날, 그가 수풀 속에서 한가롭게 거닐다가 그곳에 누워 있는 몇 마리의 새끼 호랑이를 발견하였다. 줄곧 나쁜 짓만 골라 하던 거짓말쟁이는 새끼 호랑이를 잡아서 발을 모두 부러뜨려 놓았다. 새끼 호랑이들이 고통스러워 울부짖자 근처에서 으르렁거리는 어미 호랑이의 소리가 들려왔다. 거짓말쟁이는 급히 커다란 나무 뒤로 숨었다. 얼마 지나지 않아 어미 호랑이가 나타났다. 어미 호랑이는 새끼 호랑이를 한 마리씩 어떤 작은 나무 밑으로 물어다 놓고 그 나뭇잎을 몇 개 따서 입으로 씹은 다음 새끼 호랑이의 부러진 발목 위에 발라 주었다. 그러자 새끼 호랑이들의 다리가 몇 분도 채 지나지 않아 모두 완쾌되었다. 거짓말쟁이는 이 광경을 보고 매우 놀랐다. 호랑이가 그 자리를 떠나자 거짓말쟁이는 그 작은 나무를 뽑아서 자기 집의 정원 안에 심어놓고 용수榕樹라는 이름을 지어 주었다. 그 이후로 그는 매우 조심스럽게 나무를 돌보았다. 그는 자신의 처에게 이 나무는 하늘의 신께서 보내 주신 선물로 상처뿐만 아니라 모든 병을 고칠 수 있으며, 심지어 죽은 사람도 살릴 수 있다고 설명해 주었다. 그리고 그는 부인에게 나무를 청결하게 관리하도록 주의를 주었다.

"쓰레기를 절대로 나무 밑에 버리지 마시오. 그렇지 않으면 나무가 날아가 버릴 것이오."

그는 여러 번 부인에게 주의를 주었다. 그의 부인은 처음에는 그의 말대로 나무를 잘 돌보았으나 남편이 자신보다 나무에 더 많은 관심을 기울이자 점차 나무 돌보는 일이 마음에 들지 않았다. 게다가 반복되는 남편의 주의에 싫증까지 나기 시작하였다. 그러던 어느 날, 그들 부부는 나무 밑에서 한바탕 말다툼을 하였다. 부인은 화가 나서 큰 소리로 외쳤다.

"내 마음대로 버리고 싶은 곳에 쓰레기를 버릴 것이니 더 이상 간섭하지 마!"

그녀는 노기충천하여 부엌에서 한 광주리의 쓰레기를 가지고 나와 나무 아래에 쏟아 부었다. 그러자 용수가 갑자기 흔들거리더니 점점 위로 올라가면서 공중을 향해 날아가기 시작하였다. 거짓말쟁이는 급히 뛰어가 나무줄기를 붙잡았다. 그러나 나무는 계속해서 위로 올라갔다. 나무는 거짓말쟁이를 매달고 날아서 구름을 뚫고 달에 이르렀다. 이로부터 용수와 거짓말쟁이는 달에서 살게 되었다고 한다. 만일 달이 둥글고 밝게 빛나는 날에 달을 자세히 살펴보면, 나무와 나무뿌리 위에 앉아있는 거짓말쟁이의 모습을 볼 수 있을 것이다.

제 4 부

영 웅

◆

◆

락롱꿘
달로 간 아근
난폭대왕과 천둥신
용의 후손 맥용군
문랑국의 왕 웅왕
은나라의 침략을 물리친 동천왕
용궁을 불태운 이위
공강의 신 아공
꼬리 없는 용왕의 유배
구락국의 안양왕과 금거북

락롱꿘

옛날에 락롱꿘33)이라는 멋진 왕자가 수궁에 살고 있었다. 그는 원래 용이었는데 워낙 용맹스럽고 미남이어서 사람들에게 존경과 사랑을 받고 있었다. 사람들은 어려움이 생길 때마다 그에게 찾아가 도움을 청했으며 그는 언제나 어려움을 해결해 주었다.

북방에는 델라이라는 욕심 많고 폭력적인 왕이 산에 궁을 짓고 살고 있었는데, 그 왕에게는 어우꺼라는 예쁜 딸이 있었다. 그러나 그녀는 아버지와는 달리 성품이 착하고 어질었으며 어려운 사람들을 돌아 볼 줄 알았다.

어느 날 델라이 왕이 군대를 이끌고 마을을 침략해 왔다. 왕은 많은 사람들을 죽이고 재물을 약탈하며 사람들을 괴롭혔다. 델라이 왕의 약탈과 괴롭힘이 점점 심해지자 사람들은 수궁에 사는 락롱꿘을 찾아가 도움을 청했다. 락롱꿘은 마을 사람들을 도와 델라이 왕과 여러 차례 전쟁을 치렀다. 그 결과 델라이 군대는 점점 힘을

---

33) 베트남을 건국한 주인공으로 중국 신농씨의 후손이라고 한다.

잃어갔다.

　락롱꿘이 델라이와의 담판을 위해 산으로 찾아 가다가 아름다운 델라이 공주 어우꺼와 만나게 되었다. 어우꺼는 락롱꿘의 늠름한 모습에 반하게 되었다. 사랑하는 딸이 락롱꿘과 사랑에 빠지고, 군대가 힘을 잃게 되자 델라이왕은 북방으로 돌아가고, 어우꺼와 락롱꿘은 사람들의 축복 속에 결혼식을 올리고 궁에서 살게 되었다.

　얼마 후 어우꺼는 한 자루의 알을 낳았고, 알 들은 낳은 지 7일 만에 부화해서 100명의 아들이 되었다. 아들들은 모두 잘 생겼으며 건강하게 성장하였다. 그러나 락롱꿘은 수궁의 삶이 그리워 홀로 수궁으로 돌아갔다. 아우꺼는 남편을 그리워하며 산꼭대기에서 수궁을 향해 남편의 이름을 부르곤 하였다.

　자신을 그리워하는 어우꺼의 마음을 안 락롱꿘은 아내에게 돌아와서 자신이 수궁에서 살아야 하는 이유를 설명한 후 50명의 아들을 데리고 수궁으로 다시 돌아갔다. 이 아들 중 장남, 홍브엉이 베트남의 초대 국가인 문랑국文郞國을 세웠다고 한다.

　그리하여 베트남인들은 용과 신의 후예라는데 자부심을 가지고 살고 있다.

달로 간 아근

달빛이 아름다운 밤에 사람들은 달 위에 서 있는 커다란 반얀 나무34)의 그림자를 볼 수 있다. 가지와 잎이 무성한 반얀 나무 아래에 한 사람의 그림자가 보이는데, 그가 바로 아근이다. 아근과 반얀 나무가 어떻게 달에 가게 되었을까? 여기에는 아근이 달나라에 가게 된 이야기가 전한다.

옛날에 아근이라고 부르는 청년이 매일 숲속에 들어가 나무를 해왔다. 어느 날 평상시와 마찬가지로 숲속에 들어간 아근은 예상치 못하게 동굴 속에서 4마리의 새끼 호랑이를 발견하게 되었다. 아근은 손에 쥐고 있던 도끼로 4마리의 새끼를 모두 죽이고 말았다. 이 때 멀리서 호랑이의 울음소리가 들려왔다. 아근은 어미 호랑이가 곧 나타날 것이라는 생각에 두려워서 급히 큰 나무위로 올라가 숨었다. 얼마 후 나타난 어미 호랑이는 새끼 호랑이가 모두 죽은 것을 보고 미친 듯이 날뛰며 울부짖었다. 그런데 어미 호랑이가 갑

---

34) 쐐기풀목의 뽕나무과에 속하는 벵갈보리수이다.

자기 조용해지더니 아무 소리도 없이 아근이 숨어 있는 곳 근처의 반얀 나무로 가서 몇 개의 나뭇잎을 물고 돌아왔다. 어미호랑이가 나뭇잎을 씹어서 새끼 호랑이들의 입에 넣고 먹이자 새끼 호랑이들이 바로 되살아났다. 그리고 어미 호랑이는 새끼 호랑이들을 데리고 깊은 숲속으로 들어가 버렸다.

이 모든 것을 본 아근은 그 반얀 나무가 분명 죽은 생명도 되살릴 수 있는 신기한 효능을 가진 보배로운 나무라는 것을 알고 너무 기뻤다. 어미 호랑이가 새끼 호랑이를 데리고 멀리 떠난 것을 확인한 후에 아근은 나무에서 내려와 반얀 나무를 뿌리 채 뽑아 집으로 가지고 돌아와 집 후원에 심었다. 이후 아근은 이 반얀 나무 잎을 이용해 수많은 사람을 구하게 되었고, 명성도 점차 커져 사방 수백 리 이내의 사람들은 아근이 죽은 사람도 살린다는 사실을 모르는 이가 없었다.

하루는 아근이 강을 건너다가 물 위에 떠있는 죽은 개 한 마리를 보았다. 그는 즉시 몸에서 나뭇잎 몇 개를 꺼내어 개를 살려 주었다. 이 개는 매우 똑똑해서 이후 아근의 주위를 그림자처럼 따라 다니면서 목숨을 구해 준 은혜에 보답하고자 하였다.

한번은 아근이 한 처녀를 구해주었는데, 이 처녀는 후에 아근에게 시집가서 아근의 아내가 되었다.

어느 날 아근이 외출했을 때 한 무리의 악당이 아근의 집을 찾아왔다. 그들은 아근이 죽은 사람도 살릴 수 있는 방법을 가지고 있다는 소문을 듣고 나쁜 생각을 가지고 그를 찾아 온 것이었다. 그들은 아근의 아내를 죽이고 창자를 꺼내어 던져버리고 아근이 그의 아내를 살릴 수 있는지 실험해 보고자 하였다. 아근이 집에 돌아와 보니 아내가 죽어 있고, 더구나 뱃속의 창자까지도 사라져 어떻게 해야 될지 몰라 그 자리에 앉아 울기 시작하였다. 이때 개가 다가와서 자신의 창자로 여주인을 살리고 싶다는 생각을 표시하였다. 아근은 이제까지 이러한 상태의 사람을 구해 본적이 없었기 때문에 망설였으나 한번 시험해 보기로 하였다. 개의 창자를 아내의 뱃속에 집어넣고 나뭇잎을 먹이자 정말 기적처럼 다시 살아났다. 이어서 아근은 진흙으로 만든 창자를 개의 뱃속에 집어넣자 개 역시 되살아났다.

아내를 비록 구하기는 했지만 아내는 이전과 달리 다른 사람으로 변한 듯 했다. 그녀는 특히 기억력이 나빠져 일 처리를 잘 하지 못해 항상 아근에게 걱정을 가져다 주었다. 반얀 나무는 약하면서도 깨끗한 것을 좋아해 매일 반드시 깨끗한 물을 부어주어야 했다. 아근은 반얀 나무에 대해서 아내에게 항상 일깨워 주었다.

"당신! 제발 반얀 나무가 있는 곳에 가서 용변을 보지 마시오. 나무가 더럽혀지면 하늘로 날아가 버리니 제발 잊지 마시오!"

아근은 아내에게 몇 번이나 신신당부 했지만 아내는 여전히 기억하지 못했다.

하루는 아근이 수풀 속에 들어가서 일을 하고 있을 때 아내는 급히 용변을 보고 싶은 생각이 들었다. 이때 그녀는 남편이 당부했던 말을 깨끗이 잊어버리고 반얀 나무가 있는 곳에 가서 쭈그리고 앉아 용변을 보았다. 그녀가 용변을 마치고 막 일어나자 반얀 나무가 몇 번 흔들리더니 땅 속 뿌리가 뽑히고 유유히 하늘로 날아오르기 시작하였다. 마침 이때 아근은 수풀에서 돌아오다가 반얀 나무가 이미 사람 키만큼이나 공중으로 날아 오른 것을 보고 정신없이 도끼를 나무뿌리에 걸치고 아래로 끌어 당겨 보고자 했으나 아무리 힘을 주고 당겨도 나무는 여전히 위로 올라갈 뿐이었다. 아근은 도끼자루를 죽을 힘을 다해 잡고 놓지 않았고, 결국은 반얀 나무에 의해 달까지 오게 되었던 것이다.

이로부터 반얀 나무와 아근은 달에 있게 되었다. 매년 반얀 나무는 오직 잎사귀 하나를 바다에 떨어뜨리는데, 그때가 되면 무리를 이룬 돌고래들이 일찍부터 해수면에서 기다리고 있다가 나뭇잎이 해수면에 떨어지자마자 뛰어오르며 서로 이 나뭇잎을 차지해 재난을 당한 동료를 구하고자 한다고 전한다.

난폭대왕과 천둥신

옛날에 패강貝江35)지역에 한 청년이 살고 있었는데, 자칭 "난폭대왕"이라고 불렀다. 난폭대왕은 일찍 아버지를 여의고, 후에 어머니마저도 돌아가셔서 이때부터 혼자 살게 되었다. 그는 다른 사람의 도움을 구하지도 않았고 그 어떤 사람에게도 의지하지 않았으며, 매일 물고기와 새우를 잡으며 생활하였다. 일 년 내내 알몸뚱이에 천을 살짝 두르고 초가집에서 살았다.

난폭대왕의 성질은 대단히 난폭해서 사람이든 신이든 두려워하지 않았다. 그는 일생에 오직 한 친구가 있었는데, 바로 조왕신이었다. 매번 난폭대왕이 물고기와 새우를 잡으면 항상 조왕신을 불러 함께 구워 먹곤 하였다. 두 사람은 마치 손과 발처럼 서로 깊은 정을 나누었다. 조왕신은 소식에 매우 밝아 만일 태풍이나 홍수가 발생하려고 하면 항상 그 소식을 먼저 난폭대왕에게 알려주었다. 이로 인해 난폭대왕은 신속하게 날씨의 변화를 알 수 있어서 일찍

---

35) 오늘날 베트남 북쪽지역의 남정南定 지역이다.

이 천제를 안중에 둔 적이 없었다.

　난폭대왕은 불효자이어서 모친과 생전에 관계가 아주 좋지 않았다. 일찍이 모친은 천제를 찾아가 자식의 불효를 호소하며 버릇을 고쳐달라고 애원하였다. 천제는 이 말을 듣고 크게 화가 나서 바로 천둥신을 인간 세상에 내려 보내 이 불효자를 벌하도록 하였다. 조왕신은 이 소식을 듣자마자 은밀히 난폭대왕에게 알려 주었다. 난폭대왕은 조왕신에게 이를 대처할 방법에 대해 묻자, 조왕신은 몸을 숙여 난폭대왕의 귓가에 대고 작은 소리로 말했다.

> "오늘 밤 밖에 나가지 말고 방에서 조용히 앉아 기다리면 분명 천둥신이 하늘에서 내려와 자네 집 지붕에 설 것이네. 그러니 자네는 우선 지붕에 미끄러운 것을 발라 놓도록 하게. 그러면 천둥신이 지붕에 발을 딛는 순간 미끄러져 넘어질 것이니 아무리 천둥신이라도 어쩔 수가 없을 것이네. 이때 손을 쓰면 당연히 자네가 이기지 않겠는가!"

　난폭대왕은 계획대로 만반의 준비를 하였다. 그는 우선 풀잎을 찧어 즙을 내서 마늘기름과 섞어 끈끈하고 미끌미끌한 액체를 만들어 지붕 위에 발라 놓았다. 그리고 점액이 발라진 몇 장의 파초 잎으로 용마루를 덮어 놓았다. 모든 준비가 끝난 후 난폭대왕은 방에 들어가 불을 끄고 어두운 방안 구석에 웅크리고 앉아서 조용히 천둥신을 기다렸다.

　과연 그날 밤 광풍이 크게 불면서 폭우가 쏟아져 내렸다. 천둥신이 하늘에서 훌쩍 뛰어내려와 우선 난폭대왕의 초가집 지붕 위에 서려고 하였다. 천둥신이 막 지붕에 발을 딛는 순간 몸이 기우뚱

하고 넘어지면서 미끄러져 지붕 아래로 '쿵'하는 소리와 함께 떨어지고 말았다. 난폭대왕은 이 모든 동정을 살피고 있다가 방안에서 뛰쳐나오며 손에 들고 있던 몽둥이로 천둥신을 흠씬 두들겨 팼다. 계책에 말려든 천둥신은 발버둥 치며 몸을 피해 급히 하늘나라로 도망가는 바람에 땅에 떨어뜨린 도끼마저 미처 챙기지 못하였다.

천둥신은 난폭대왕을 처벌하지도 못하고 오히려 한 차례 두들겨 맞고 하늘나라로 도망가는 낭패를 당하자 천제는 대단히 화가 나서 천둥신을 꾸짖었다.

"그대는 천신으로써 범인에게 패해 꽁무니가 빠지게 도망 온 주제에 무슨 낯으로 짐을 보려하는가! 만일 이 못된 놈을 제거하지 못한다면 그대를 파면시키고 말 것이다!"

이번에는 천제께서 수신水神을 파견해 난폭대왕을 죽이도록 하였다. 조왕신은 이 일을 먼저 알고 이 소식을 은밀하게 난폭대왕에게 알려 주었다. 난폭대왕이 또 조왕신에게 대처 방법을 묻자, 이번에도 그에게 귀띔해 주었다.

"수신은 틀림없이 물로 자네를 죽이려고 할 걸세. 그러니 자네가 튼튼한 뗏목을 준비해두면 수신이 아무리 큰 홍수로 자네를 죽이려 해도 물에 빠져 죽지는 않을 걸세. 이외에 천둥신이 함께 오는 것에 대해서도 방비하도록 하시게."

난폭대왕은 또다시 만반의 준비를 해 두었다. 수신이 일으킬 큰 홍수를 대비해 파초나무 줄기를 엮어서 튼튼한 뗏목을 준비하고, 그 위에 파초 잎을 덮어 작은 장막을 친 다음 파초 잎 위에 미끄러운 점액을 발라 놓았다. 그리고 또 작은 장막 네 귀퉁이에는 깃발을 꽂아 두고 자기 앞에 북을 놓아두었다.

이튿날 강물이 불어나 모든 대지가 물로 뒤덮여 사방이 온통 물바다가 되었다. 난폭대왕의 초가집 역시 흔적조차 찾을 수가 없었다. 난폭대왕은 파초 잎으로 만든 뗏목 위에서 깃발을 흔들며 북도 치고 또 천둥신이 떨어뜨리고 간 도끼를 휘두르면서 큰 소리로 외쳤다.

"어이, 잘 듣게나 수신! 이번에는 내가 하늘까지 치고 들어가려고 하네!"

천제는 마침 신하들을 모아두고 일을 논의하고 있다가 갑자기 하계에서 나는 하늘을 진동시키는 소리를 듣고 무슨 일이 발생했는지 궁금해 천신을 하계에 파견해 알아오도록 하였다. 이에 천신이 지금 한창 난폭대왕이 수신과 교전을 하면서 하늘 궁전까지 공격하겠다고 큰 소리 치는 상황을 천제께 자세히 보고하였다.

이에 천제가 명령을 내렸다.

"기왕 일이 이렇게 됐으니 급히 수신에게 물을 물리도록 하여 다른 생명들에게 미칠 재앙은 면하게 해야 할 것이다. 난폭대왕은 과연 하늘도 두려워하지 않고 땅도 두려워하지 않을 뿐만 아니라 천둥신과 수신마저도 그의 적수가 되지 못하니 나중에 다시 그를 거두도록 하라."

난폭대왕은 또 한 번 재난을 피할 수 있었다. 이후로 그는 조왕신을 더욱 공경하였을 뿐만 아니라 더욱 정성을 다해 대접하였다. 동시에 그는 믿을 데가 있자 예전보다도 더 제멋대로 방자하게 굴었다.

천둥신은 줄곧 난폭대왕의 행적을 살피며 보복할 기회를 엿보았다. 바람과 햇볕이 좋은 어느 날 난폭대왕은 홀로 밖에 나가 유람을 하고 있었다. 기회를 엿보던 천둥신은 난폭대왕이 미처 방비하지 못한 틈을 이용해 갑자기 하늘에서 뛰어 내려와 도끼로 한 번 내리치자 난폭대왕은 대지 위에 그만 고꾸라지고 말았다.

용의 후손 맥용군

천지가 개벽되고 얼마나 많은 시간이 흘렀는지 모르지만 지금의 중국 오령五嶺36)이남과 동남쪽으로부터 곧바로 바닷가에 이르는 광활한 지역에 사람들이 모여 살고 짐승들도 무리를 이루는 활기찬 장면이 펼쳐졌다. 당시에는 이미 논에 볍씨를 뿌리고, 천을 짜며, 수렵을 시작하였으나 생산 방식은 여전히 원시적이었다. 게다가 승냥이와 이리, 호랑이와 표범 같은 야수들이 들끓어서 사람들의 생활이 대단히 어려웠다. 이외에도 여러 가지 요괴나 요정들이 사방에서 횡행하며 잔혹하게 사람들을 해치고 재물을 빼앗아 사람들에게 커다란 피해를 입혔다.

당시 맥락貉越37)지역에 '맥용군貉龍君' 또는 '용군龍君'이라고 불리는 신이 나타났다. 맥용군의 선조는 염제炎帝 신농씨神農氏38)라고

---

36) 호남성과 강서성의 남부, 그리고 광서성과 광동성의 북부 접경지역
 에 있는 월성越城, 도방都龐, 맹저萌渚, 기전騎田, 대유大庾등의 지역을 가리킨다.
37) 지금의 베트남 북쪽 지역을 가리킨다.
38) 고대 중국 신화에 나오는 삼황三皇 가운데 2번째 황제로 정식 이름은 염제炎帝라
 고 부른다. BC 28세기에 인신우두人身牛頭의 형상을 하고 태어났다고 전해진다.

전한다. 염제 신농씨의 3대 후손이 명제明帝가 되었다. 명제는 아들을 낳아 이름을 의宜라고 지었다. 한번은 명제가 남순南巡하여 오령 지역에서 사냥을 하다가 무선婺仙의 딸을 우연히 만나게 되었는데, 그 모습이 너무 아름다워 첩으로 맞아들여 데리고 돌아왔다. 얼마 지나지 않아 선녀가 임신을 하게 되었고, 일 년 후에 아들을 하나를 낳았는데, 이름을 녹속祿續이라고 지었다. 녹속은 태어날 때부터 용모가 수려하고 대단히 총명하였다. 명제가 매우 총애하여 그를 태자로 세웠다. 그러나 형 의宜를 좋아한 녹속은 형을 태자로 세울 것을 수차례 건의 드렸고, 이에 명제도 다시 의를 태자로 세우는 수밖에 없었다. 후에 명제가 강산을 둘로 나누어 큰 아들 의에게는 북쪽의 땅을 다스리도록 하고, 작은 아들 녹속에게는 경양왕涇陽王으로 봉한 뒤 남방의 땅을 다스리도록 하였다. 남쪽에는 당시에 적귀국赤鬼國이라는 나라가 있었는데, 녹속의 통치 아래 점차 번성하기 시작하였으며, 지역도 지속적으로 남쪽으로 뻗어나갔다. 경양왕 녹속은 수영을 잘해 신들이 사는 수부水府를 마치 평지를 걷듯이 다녔다. 결국 그는 동정호洞庭湖의 용왕 동정군洞庭君의 부마가 되었다. 경양왕과 용녀가 결혼하여 일 년이 지나 아들을 하나를 낳았는데, 이름을 숭람崇纜이라 짓고, 호를 맥용군이라고 하였다. 맥용군은 성인이 되어 왕위를 계승하고 적귀국을 다스렸다. 맥용군은 현명하고 어진 임금으로 백성들에게 밭을 갈고 씨 뿌리며, 뽕나무를 심고 누에 키우는 것을 가르쳤다. 맥용군은 용녀의 아들이라 물을 좋아해 늘 수부에서 머물곤 하였다. 백성들은 맥용군을 부모처럼 여겨 일이 생기면 큰 소리로 외쳤다.

"아버지 빨리 오세요! 빨리 와서 저희를 구해 주세요!"

맥용군은 자기를 부르는 소리를 들으면 그 즉시 지상으로 돌아와 도움을 주었다. 맥용군이 다스리던 시기에는 천하가 태평하고 백성들이 모두 안정된 생활을 누리며 즐겁게 지냈다. 남쪽의 적귀국은 기이한 화초, 진귀하고 신기한 동물, 금은, 후추, 침향, 산해진미가 즐비하여 없는 것이 없을 정도였다. 사계절이 모두 봄과 같아 백화가 만발하고 초목이 항상 푸르렀다. 맥용군은 자신이 이렇게 아름다운 곳의 주인이라는 사실을 항상 자랑스럽게 생각하였다. 그렇지만 그는 수족이기 때문에 주로 수부에서 머물렀다.

의제宜帝는 북쪽지역을 다스렸는데, 역시 천하가 모두 태평하였다. 하루는 의제가 한가하고 답답하여 그의 신하인 치우蚩尤에게 나라의 일을 대신 관리하도록 하고, 자신이 사랑하는 딸 구희姮姬를 데리고 적귀국으로 순시를 떠났다. 이때 맥용군은 이미 수부로 돌아가 나라에 주인이 없는 상태였다. 의제는 딸이 오랜 순시를 견디지 못할까 두려워 남쪽에 행궁을 세우고 딸 구희와 시녀들을 행궁에 머물게 하고는 수행원을 데리고 계속 남쪽으로 순시를 떠났다. 의제는 남쪽의 풍광이 아름답고 기후도 알맞아 북쪽으로 돌아가는 것을 잊고 말았다.

의제는 행궁을 세우는 토목 공사를 크게 일으켰다. 북쪽의 백성들도 이곳으로 끌려와 노역에 시달리게 되자 평화로운 생활도 깨지고 말았다. 날마다 힘든 고역에 지친 백성들이 맥용군을 부르며 자신들을 구원해 주기를 바랐다. 맥용군이 이 소리를 듣고 달려오다 공교롭게 들에서 산책하던 구희와 마주치게 되었다. 맥용군은 아름다운 구희를 보고 그만 사모하는 마음이 생겨서 용모가 준수한 젊은 청년의 모습으로 변신해 구희에게 사랑을 고백하였다. 구희는 이 젊은이의 멋진 용모를 보자 마음이 기울어 흔쾌히 승낙하였다. 이리하여 맥용군은 구희를 데리고 집으로 돌아가서 혼인을 하였다. 그리고 의제가 찾지 못하게 그녀를 용대산龍岱山[39]의 바위굴에 숨겨 놓았다.

의제가 자연풍광을 즐기며 노닐다 행궁으로 돌아와 보니 구희가 보이지 않았다. 맥용군이 딸을 데리고 갔다는 이야기를 들은 의제는 대노하여 즉시 신하들에게 명령을 내려 천하를 뒤져서라도 사랑하는 딸을 찾아오도록 하였다. 맥용군은 의제의 신하들이 모든 산과 들을 찾아다니는 것을 보고, 그들이 동굴을 발견할까 두려워 법술을 써서 사면에 온통 요괴와 맹수들을 들끓게 하여 사람들이 두려워하도록 만들었다. 의제의 신하들은 놀라 감히 더 이상은 수색하지 못했다. 의제는 어쩔 수 없이 북쪽의 나라로 돌아갔다.

맥용군과 구희는 행복한 나날을 보냈다. 일년 후에 구희는 고기 덩어리 하나를 낳았다. 두 사람은 불길한 물건이라고 여겨 들판에 버렸다. 칠일 후 고기 덩어리가 쪼개지며 백 개의 알이 쏟아져 나오면서 알마다 남자 아이가 태어났다. 맥용군과 구희는 이 소식을 듣고 즉시 사람을 보내 백 명의 아이들을 모두 들판에서 데리고 돌아오게 하였다. 이 백 명의 남자 아이들은 대단히 기이하여 먹지도 마시지도 않고, 또한 돌보지 않아도 스스로 자라 성인이 되어 백 명의 젊은 청년이 되었다. 이 백 명의 젊은 청년들은 용모가 모두 뛰어났을 뿐만 아니라 지혜와 용기를 겸비하여 어느 누구도 칭찬을 하지 않는 이가 없었다.

---

39) 베트남 북부에 위치해 있는 청화성淸化省 동산현東山縣에 있다.

한번은 맥용군이 수부로 돌아가 오랫동안 돌아오지 않고 있을 때, 구희는 백 명의 아들을 데리고 육지에 머물고 있었다. 구희는 원래 북쪽 의제의 딸로써 오랫동안 북쪽을 떠나 생활했기 때문에 점차 고향에 돌아가고 싶은 생각이 간절해졌다. 그러던 어느 날 그녀는 백 명의 아들을 데리고 북쪽 나라로 돌아갔다.

다시 당시의 상황을 말하면, 의제는 딸을 찾지 못하고 홀로 북쪽으로 돌아가게 되자 딸에 대한 그리움과 노쇠로 인해 병이 들게 되어 세상을 떠나고 왕위는 그의 아들인 유망榆罔이 계승하였다. 의제가 총애하던 신하인 치우는 새로운 군주에 복종하지 않고 반란을 일으켰다. 유망은 자신의 수하 가운데서 헌원軒轅[40]을 보내 치우蚩尤[41]를 토벌하도록 하였다. 치우 역시 용족출신으로 사람의 말을 하지만 몸은 짐승의 형상을 하고 있으며 힘이 대단히 세고 용맹하였다. 헌원은 제후의 군대를 이끌고 싸웠지만 오랫동안 승리하지 못했다. 어떤 사람이 헌원에게 짐승의 가죽으로 북을 만들어 치면 치우의 전열을 혼란에 빠지게 할 수 있다고 귀띔해 주었다. 이에 헌원이 그 말대로 하자 과연 치우의 군대는 북소리를 듣고 크게 놀라 대열이 흐트러져 탁록涿鹿[42]의 들판에서 패해 헌원이 크게 승리하였다. 후에 헌원은 거만하고 난폭해져서 한쪽 지역을 차지해버렸다.

---

[40] 헌원은 황제黃帝의 이름으로 오제五帝 가운데 하나이며, 중국인들의 시조로 받들어지고 있다.
[41] 중국의 신화상의 인물로 81명의 형제가 있었는데, 모두가 동銅으로 된 머리와 철로 된 이마에 긴 뿔을 가졌고 성질이 사나웠으나 후에 탁록의 싸움에서 황제에게 패하여 죽음을 당했다고 한다.
[42] 하북성 북부 지역에 위치하고 있는 지역이다.

유망제가 토벌군을 이끌고 와서 헌원과 세 번을 싸웠으나 승리하지 못하고 결국 대패하였다. 헌원은 승리의 기회를 놓치지 않고 추격하여 유망제를 잡아서 낙읍洛邑43)에 유배시켰다. 오래지 않아 유망제가 죽자 헌원이 제帝를 칭하고 황제黃帝라 부르며 북쪽 나라에 머물렀다.

구희가 백 명의 아들을 데리고 변경에 이르렀다는 소식을 들은 황제는 구희가 반란을 일으킬까 두려워 병사들을 보내 변경을 봉쇄해 버렸다. 구희와 백 명의 아들들은 북쪽 나라로 갈 수 없게 되자 다시 남쪽으로 돌아가는 수밖에 없었다.

그 후에도 맥용군이 오랫동안 수부에 머물며 돌아오지 않자 구희는 다시 아들들을 데리고 북쪽의 고향으로 갔으나 국경에서 또 다시 거절을 당하였다. 구희는 상심이 너무 큰 나머지 하루 종일 음식도 못 먹고 잠도 자지 못해 점차 몸이 쇠약해졌다. 아들들은 모친의 몸 상태가 예전 같지 않자 모두 조급해져 큰 소리로 아버지를 불렀다.

"아버지! 어디 계십니까? 왜 우리 모자를 버려두고 모른 척 하십니까? 어머니께서 밤낮으로 슬퍼하십니다. 아버지, 빨리 돌아오세요."

맥용군은 아이들이 부르는 소리를 듣고 즉시 돌아와 처자와 상봉하였다. 구희는 남편이 돌아온 것을 보고, 남편에게 말했다.

---

43) 중국 낙양 서쪽 교외 지역에 있던 고대 도시이다.

"나는 원래 북쪽 나라 사람입니다. 당신께 시집을 와서 당신과 함께 흰머리가 되도록 해로하기로 하였습니다. 우리에게 이제 백 명의 아이들이 있는데, 당신은 나만 혼자 외롭게 버려두고 늘 수부에만 계시니 무엇 때문입니까?"

맥용군이 대답하였다.

"나는 용족으로써 수족水族을 다스리는 우두머리이니 물속에 사는 것이 당연하지 않겠소. 그리고 당신은 선족仙族이니 육지에 사는 것이 당연하지요. 당신과 내가 음양의 조화로 결혼을 하여 비록 백 명의 아들을 두었다고는 하지만 우리는 물과 불처럼 상극이라 오랫동안 함께 살 수가 없소. 우리가 이번에 서로 헤어지면서 백 명의 아이들을 둘로 나누어 내가 오십 명의 아들을 데리고 수부로 가서 수역을 나누어 살게 하겠소. 그리고 나머지 오십 명의 아이들은 당신이 사는 육지 위에서 각자 지역을 나누어 살게 하는 것이 좋을 것 같소. 우리가 각자 오십 명의 아이들을 데리고 가고 이후 일이 있으면 서로 연락하기로 합시다."

구희는 이것이 이미 정해진 운명이라는 것을 알고 그 말에 동의하는 수밖에 별다른 방법이 없었다. 이렇게 맥용군과 구희는 각각 오십 명의 아들을 데리고 이별을 한 후 각자 길을 떠났다.

구희와 오십 명의 아들은 봉주峰州에 머물러 살았다. 오십 명의 아들들은 가장 먼저 태어난 사람을 왕으로 추대하고 웅왕雄王이라고 일컬었으며, 국호를 문랑국文郞國이라고 하였다. 문랑국은 북쪽의 동정호에서부터 서쪽의 파촉巴蜀에 이르고, 동쪽으로는 동해, 남쪽으로는 호손정국猢猻精國에 이른다고 한다.

문랑국은 또한 월상越裳, 교지交趾, 주연朱鳶, 무녕武寧, 복록福祿, 녕해寧海, 양천陽泉, 육해陸海, 회환懷驩, 구진九眞, 일남日南, 진정眞定, 문랑文郞, 계림桂林, 상象 등 열다섯 개의 군郡으로 나누어져 있었으며, 마흔아홉 명의 아들들이 이를 각기 나누어 다스렸다. 웅왕은 수하에 장수와 재상을 두었는데, 장수는 맥장貉將이라 하였고, 재상은 맥후貉侯라고 일컬었다. 그리고 웅왕의 아들은 관랑官郞이라 칭하였으며, 공주는 미랑媚娘이라고 불렸다.

웅왕은 세습제로써 아버지가 아들에게 왕위를 물려주어 대대로 전하게 하였다. 베트남과 중국 고적에 기재되어 있는 웅왕은 바로 이것에 기원을 두고 있다. 이 때문에 오늘날 베트남 사람들은 자신을 "용과 신선의 후손", "용과 신선의 계승자", 혹은 "용과 맥貉의 후손"이라고 일컫는다. 백 개의 알에서 태어난 백 명의 남자 아이들은 영남嶺南 백월百越[44]의 시조가 되었다.

---

44) 고대 중국 대륙의 남방 지역에서 현재의 베트남에 이르는 광대한 지역에 살고 있던 월나라의 여러 민족 가운데 하나인 백월족의 총칭을 일컫는다.

문랑국의 왕 웅왕

맥용군과 그의 아내 구희姤姬가 각자 오십 명의 아들들을 데리고 서로 이별한 후 맥용군은 물속으로 들어가고 구희는 산속으로 갔다. 구희는 오십 명의 아들들을 데리고 월국越國의 중심인 봉주峰州에 터전을 마련하고 살았다. 또한 월국을 여러 개의 지역으로 나누어 일부 아들들에게 주어 다스리도록 하고, 나머지 아들들은 그녀와 함께 머물러 살도록 하였다. 구희 신변에 머물러 있던 아들 가운데 장자를 웅왕雄王으로 추천하였고, 이로부터 새로운 통치 체제가 수립되기 시작하였다.

월국의 백성들도 안정된 생활을 누리며 해 뜨면 들에 나가 일을 하고 해가 지면 집으로 돌아오는 즐거운 생활을 하였다. 그러나 사람들이 바다로 물고기를 잡으러 가기만 하면 돌아오지 않았다. 이를 이상하게 생각한 사람들은 웅왕에게 이 일을 보고하였다.

웅왕이 대답하였다.

"나와 나의 아흔 아홉 명의 형제가 모두 용의 후손이다. 용에게는 같은 무리를 좋아하고 이족을 싫어하는 습관이 있다. 그렇기 때문에 너희들 몸에 용의 형상을 새기고 물에 들어가면, 내 형제들이 너희들을 동족으로 받아들여 더 이상 해를 끼치지 않을 것이다."

그리고 웅왕은 이 일을 수부水府에 살고 있는 다른 형제들에게 알려서 더 이상 자기의 백성들에게 해를 끼치지 말도록 하였다. 이후로 맥월국의 사람들은 몸에 용의 문양을 그려 문신을 하게 하였다. 아마도 이러한 연유로 인해 웅왕이 다스리던 나라의 명칭이 "문랑국文郞國"이 되었다고 전해진다.

은나라의 침략을 물리친 동천왕

웅왕이 왕위를 계승하여 나라를 다스릴 때 북쪽에 이웃하고 있던 은殷나라가 점차 강성해졌다. 당시 중국의 은殷나라 왕은 용모가 흉악하며 성정이 잔악하고 싸움에 능한 이들로 군대를 양성하였다. 은나라 왕은 호시탐탐 이웃나라들을 노리고 침략할 기회를 엿보았다. 북쪽 이웃나라의 야심을 알아차린 웅왕은 그들의 남침을 근심하여 신하들을 불러놓고 대책을 논의하였다. 어떤 한 방사方士가 웅왕에게 진언을 하였다.

"가장 좋은 방법은 맥용군에게 부탁해 점을 쳐서 맥월국의 앞날이 어떻게 될지 물어보는 것이 좋을 것 같습니다."

웅왕은 이에 동의하여 즉시 신단의 건축을 명하였다. 그리고 금은·동전·비단을 신단 위에 재물로 올려놓고 목욕재계하여 향을 피우며 3일 밤낮으로 맥용군에게 간절히 도움을 청하였다.

3일 후, 날씨가 별안간 변하더니 천둥 번개가 치며 큰 비가 쏟아져 내리더니, 갑자기 구척의 키와 네모진 얼굴에 뚱뚱한 큰 배와 은발 머리에 눈처럼 흰 눈썹을 가진 한 노인이 나타났다. 노인이 자리에 앉아 작은 소리로 중얼거리고 있는 모습을 본 사람들은 이 노인이 보통 사람이 아니라는 것을 알고 즉시 웅왕에게 보고를 올렸다. 웅왕이 직접 달려나와 노인을 찾아뵙고 단 위에 올라가 앉기를 권하였다. 그러나 노인은 마시지도 먹지도 않고 말하지도 않았다. 웅왕이 노인에게 물었다.

"듣자하니 북쪽의 은나라 군대가 남하하여 우리나라를 침략하려고 한다는데 그 결과가 어떨지 가르침을 주시기 바랍니다."

노인이 점을 친 골패를 태연하게 뒤집어 보며 한참이 지난 후에 웅왕에게 말했다.

"3년 후 북쪽의 적들이 장차 남하하여 침입할 것입니다. 그러니 그대들은 지금부터 무기를 만들고 엄격하게 군사들을 훈련시켜 만반의 준비를 해야 할 것입니다. 그 외에 천하의 뛰어난 인재들을 모아 재주에 걸맞게 벼슬을 내리도록 하십시오. 만일 훌륭한 인재를 찾을 수 있다면 분명 그대들이 승리할 것이 틀림없을 것입니다."

말을 마치자 노인은 공중으로 뛰어올라 구름을 타고 떠나버렸다. 이때서야 비로소 사람들은 그 노인이 원래 맥용군이었다는 사실을 알게 되었다.

과연 3년 후 은나라 왕이 군대를 보내 문랑국을 침략해 왔다. 은나라 군대는 도착하는 곳마다 방화와 약탈을 끊임없이 저질렀다.

사람들은 삶의 터전을 잃고 이리저리 떠돌아다니느라 고통이 매우 심하였다. 적군이 침입했다는 소식이 봉주峰州에 전해지자 웅왕은 3년 전 맥용군의 말이 떠올라 즉시 사람을 각 지역에 파견하여 적군에게 대항할 만한 인재를 찾도록 하였다.

웅왕의 사자가 선유현仙遊縣 부동항扶董鄉45)에 도착하였다. 이 마을에는 환갑이 넘은 노파가 한 명 살고 있었다. 3년 전 어느 날 노파가 길을 걷다가 땅위에 나 있는 커다란 발자국을 발견하였고 이를 이상하게 여긴 노파는 자신의 발로 발자국을 밟아보았다. 그리고 집에 돌아와 보니 태기가 있었다. 태기가 있은 지 열 달이 지나 남자 아이를 하나 낳았는데 이름을 동董이라고 지었다. 동은 세 살이 되었는데도 말도 못하고 몸도 뒤집지 못했다. 노파는 마음속으로 혹시 아들에게 무슨 병이라도 있는 게 아닌가 하고 대단히 걱정하였다.

어느 날 웅왕의 사자가 동의 집 앞에 도착하여 징을 울리며 그가 찾아 온 뜻을 알렸다. 동은 이 소리를 듣고 갑자기 입을 열어 말하기 시작하였다. 그가 한 첫마디 말은 사자에게 할 말이 있으니 사자를 집안으로 불러달라는 것이었다. 노파는 아들이 갑자기 말을 하는 것을 보고는 기쁘기도 하고 또 두렵기도 하여 이 사실을 이웃들에게 알렸다. 사람들은 모두 이 아이가 보통 사람이 아니라고 여겼다.

사자가 동이 앞으로 오자 단숨에 자리에서 일어나 앉으며, 사

---

45) 오늘날의 북녕北寧 지역에 위치해 있다.

자에게 말하였다.

"즉시 봉주로 돌아가서 웅왕에게 철로 주조한 철마 한 마리와 투구, 그리고 철검을 만들어 달라고 전해주십시오. 그러면 제가 나가서 적을 맞아 싸울 것입니다."

웅왕은 이 소식을 듣고 그의 말대로 하였다. 전국에 명령을 내려 철기를 모아 동이 이야기 한 대로 세 가지 물건을 주조하였다. 이 세 가지 물건을 동이 앞에 놓자, 동이 허리를 쭉 펴더니 순식간에 신체가 우람한 거인이 되었다. 그리고는 그의 모친에게 밥을 지어 달라고 하고 동시에 옷도 한 벌 지어달라고 하였다. 모친이 밥을 한 솥 해서 먹이고 또 한 솥 해서 먹여도 아들은 배가 부르지 않았다. 모친은 집안에 쌀이 다 떨어지자 어쩔 수 없이 이웃 집에 가서 사람들에게 쌀을 빌려다 아들에게 밥을 해 먹였다. 그러나 온 마을의 쌀을 이미 다 먹어치웠는데도 여전히 배가 부르지 않다고 했다. 모친은 온 마을의 천을 모두 빌려다 아들에게 옷을 만들어 주었으나 여전히 옷감이 많이 모자랐다.

동이 철투구를 쓰고 손에는 철검을 쥐고 철마에 뛰어오르자 철마는 콧구멍에서 불을 내뿜으며, 나는 듯이 전쟁터로 달려갔다. 동이 말을 채찍질하며 은나라 진영으로 돌진하자 은왕은 갑자기 나타난 거인을 보고 당황하였으나 침착하게 정신을 차리고 동을 저지하기 위해 부하들을 재촉하였다. 동이 적군의 진영에서 종횡무진 돌진하자 이르는 곳마다 화광이 충천하였다. 적군은 동의 철검과 활활 타오르는 거센 불꽃 아래 둑이 무너지듯이 무수한 군사들이 궤멸되어버렸고, 은나라의 왕도 역시 진영 앞에서 참살되었고 말았다.

 동은 싸우고 싸울수록 점점 용감해졌다. 그는 갑자기 손에 쥐고 있던 철검을 부러뜨려버리고 길가의 아름드리 대나무를 뽑아 뿔뿔히 흩어지는 적군의 진영을 향해 계속 휩쓸고 나가자 적군은 처참한 비명소리와 함께 분분히 땅에 쓰러지고 말았다. 동은 철마를 타고 달리면서 대나무를 휘두르며 소산塑山 기슭까지 추격하여 적군을 섬멸하였다. 결국 은나라 군대는 전부 몰살되고 나머지 패잔병들은 사방으로 도망쳤다. 동은 입고 있던 옷을 벗어 산꼭대기에 놓아두고 말을 타고 하늘로 올라갔다. 백성들은 동이 산꼭대기에서 하늘로 날아가는 것을 보고 급히 엎드려 절을 하면서 다함께 소리 높여 "동천왕董天王"이라고 크게 외쳤다.

 당시 불에 태워진 산림 속에 마을이 하나 있는데, 오늘날 이 마을을 화소촌火燒村이라고 부른다. 그리고 당시 연기에 그을려 황색이 되었던 대나무들은 지금도 죽간에 그 흔적이 남아 있어 사람들은 이 대나무를 상아죽象牙竹이라고 부른다. 오늘날 금영金英과 다복多福에서 소산塑山지역에 이르는 크고 작은 연못은 당시 동천왕이 말을 타고 달릴 때 남긴 말발굽 자국이 만들어낸 것이라고 한다.

용궁을 불태운 이위

이위李偉의 집은 석안현石安縣 임강稔江 연안에 있었기 때문에 그는 어려서부터 수영을 매우 좋아하였다. 이위에게는 출가할 나이가 된 예쁜 딸이 하나 있었다.

어느 날 이위가 외출을 했을 때 딸은 집에서 베를 짜고 있었다. 그런데 수풀 속에서 갑자기 한 남자가 걸어 나와 이위의 집안으로 들어가더니 자신은 용왕의 아들로 금용金龍이라고 소개하였다. 이위의 딸이 놀라 막 숨으려고 생각하는 순간 젊은이가 그녀를 가슴에 끌어안고 원래의 모습인 한 마리의 용으로 변해 물속으로 들어가 버리고 말았다.

이위는 집에 돌아와서 딸이 보이지 않자 금용이 남기고 간 흔적을 따라 강변에 이르렀다. 그는 맹렬하게 물속에 뛰어 들어 물밑으로 헤엄쳐 들어갔는데 거기에서 동굴을 발견하고 그 안으로 들어갔다. 대략 십여 보 앞에 두 개의 대문이 활짝 열려있는 것이 보였다. 그 대문 안으로 들어가 보니 적지 않은 누각과 정자가 보이고 가야금 소리와 웃음소리가 들려왔다. 이위는 여기가 바로 용왕이 사는 곳이라는 것을 알고는 즉시 집으로 돌아와 딸을 위해 복수할 방법을 궁리하였다. 이위는 죽통에 불씨를 담은 후 그 죽통을 옆에 차고 다시 물속으로 들어가 용궁에 불을 지르고 금용과 한바탕 싸움을 벌였다. 둘은 한참동안 격렬히 싸웠으나 이위가 금용을 이기지는 못하였다. 그러나 이위가 용궁에 불을 지른 것만으로도 딸을 위한 복수를 했다고 할 수 있을 것이다.

공강의 신 아공

베트남 북쪽의 선광宣光 지역에 공강貢江이라고 부르는 강이 있었는데, 공강의 신은 일부러 아들을 한 노부인에게 맡겨 키웠다. 그 노부인은 홀로 쓸쓸하게 생활하면서 매일 강가에 가서 작은 새우와 게를 잡거나 우렁이를 잡아 시장에 내다 판 후에 쌀을 사서 포대에 담아 집으로 돌아왔다. 노인의 생활은 풍족하지는 않았지만 평안하고 자유로웠다.

어느 날 노인이 집을 나와서 한참 걸어가다가 땅에 있는 알을 하나 보게 되었다. 처음에 노인은 감히 집지 못하고 발로 알을 한쪽으로 밀어놓고 걸어갔다. 다시 몇 걸음 걷자 알이 또다시 노인 앞에 나타났다. 노인은 알을 또 옆으로 밀어놓았다. 다시 몇 걸음 가자 알이 다시 노인 앞에 나타났다. 이렇게 그 알은 계속해서 노인 앞에 나타났으나 노인은 시종 알을 집지 못하였다.

이후 매일 대문을 나서 걸어갈 때나 강가에서 일을 할 때도 알은 늘 노인 앞에 나타났다. 끝내 노인은 이것이 하늘의 뜻이라는 것을 알고 알을 집으로 가지고 돌아올 수밖에 없었다.

며칠 후, 알의 껍데기가 벌어지며 그 안에서 길이가 서너 촌 정도 되는 작은 뱀이 나왔다. 노인은 작은 뱀을 사발 안에 넣고 키웠다. 이튿날 신기하게도 작은 뱀이 이미 사발 안에 넣을 수 없을 정도로 커져 있었다. 그래서 노인은 단지를 하나 마련하여 뱀을 단지 안에 넣었다. 또 하루가 지나자 뱀은 또 다시 단지에 넣을 수 없을 정도로 커져 있었다. 노인은 뱀을 단지에 넣을 수 없게 되자 다시 항아리 속에 넣었다. 그러나 또 하루가 지나자 항아리 속에 넣을 수 없을 만큼 커져 있었다. 노인은 어쩔 수 없이 뱀을 강가로 데리고 가서 강물에 놓아주었는데, 이 강이 바로 공하貢河이다. 이때 공강에는 마침 신이 없었다. 그리하여 뱀이 공강의 신이 되었으며, 사람들은 그를 아공阿貢이라고 불렀다.

어느 날 다른 곳의 신이 공강으로 와서 아공과 그 지역 패권을 놓고 서로 싸우기 시작하였다. 두 마리 용이 강물속에서 위 아래로 용솟음치며 엎치락뒤치락 거리자 물방울이 사방으로 튀어나갔다. 노부인은 이 소식을 듣고 급히 강기슭으로 가서 이들의 싸움을 지켜보았다. 아공이 이미 체력이 다하여 패색이 짙어져 갈 무렵, 순간 강가에 서 있는 양어머니를 보고 급히 큰 소리로 외쳤다.

> "어머니 저를 도와주세요! 빨리 가서서 표창을 한 자루 구해오세요 강가에서 기다리고 있겠습니다. 그리고 등에 검은 반점이 있는 용이 바로 제 적수이니 그것을 창으로 찔러 죽이세요."

노인은 표창을 구해 가지고 강가로 돌아왔다. 이때 두 마리 용은 이미 한 몸이 되어 서로 싸우고 있었다. 노인은 등에 검은 반점이 있는 용을 향해 맹렬하게 표창을 던졌다. 그러나 그만 실수로 아공을 찌르고 말았다. 피를 콸콸 쏟은 아공은 힘없이 물위에서 그의 양어머니를 보고 탄식을 하더니 3일 후에 고통스럽게 죽고 말았다.

꼬리 없는 용왕의 유배

옛날 한 부부가 결혼한 지 여러 해가 지났으나 아이가 없었다. 어느 날, 남편이 밭에서 일을 하다가 두 개의 이상하게 생긴 알을 발견하고 집으로 가지고 돌아왔다. 며칠 후 알껍데기가 벌어지며 두 마리의 작은 뱀이 나왔다. 작은 뱀은 매우 똑똑하여 하루 종일 부부 두 사람에게서 그림자처럼 떨어지지 않았다.

어느 날 남편이 밭에서 괭이로 땅을 파다가 실수로 작은 뱀의 꼬리를 자르고 말았다. 이로부터 이 뱀은 꼬리 없는 뱀이 되었다. 두 마리 뱀은 시간이 갈수록 점점 커졌으며, 먹이도 점점 더 많이 먹게 되었다. 그래서 뱀들은 이웃집의 닭이나 개까지 잡아먹었고 그로 인해 이웃들이 모두 불안에 떨고 원성이 끊이지 않았다.

노부부는 하는 수 없이 두 마리 뱀을 쟁강(崢江46) 기슭으로 데려가 물속에 놓아 주었다. 쟁강의 신은 두 마리의 뱀을 거두어들인 후 강의 한 구역을 나누어 주어 그들이 다스리게 하였다. 두 마리의

---

46) 오늘날 베트남 북쪽 해양海陽 지역에 위치하고 있다.

뱀은 자신들이 다스리는 구역의 용왕이 되었다. 그들은 마음대로 바람을 부르고 비를 내리게 할 수 있었으며, 또한 풍랑을 일으킬 수도 있었다. 특히 꼬리 없는 용왕의 성질은 더욱 포악하였다. 그들은 제멋대로 사람을 유괴하고 재물을 빼앗았을 뿐만 아니라 배가 그들이 관할하는 지역을 지나가기만 하면 풍랑을 일으켜 배를 물속에 빠뜨렸다. 노부부가 몇 번이나 강가에 와서 두 뱀에게 잘못을 뉘우치고 바르게 살기를 권하였다. 처음에 그들은 말을 듣는 듯 뉘우치는 것 같이 보였으나 며칠이 못 가 옛날 병이 다시 도지고 말았다.

어느 날 정鄭씨 성을 가진 남자가 그의 처와 함께 배를 타고 이 지역을 지나가게 되었다. 그의 처인 양揚씨가 대단히 아름다운 자태를 가지고 있다는 소식을 들은 꼬리 없는 용왕은 두 시녀를 배로 보내 양씨를 아내로 삼고 싶다는 의사를 전달하였다. 그러자 이 부부는 용왕이 두려워서 배를 버리고 강기슭으로 몸을 피했다. 그러나 꼬리 없는 용왕은 절대 포기하는 성격이 아니었기 때문에 결국 비바람이 치던 어느 날 밤에 양씨를 납치하였다. 날이 밝은 후에 남편이 아내의 흔적을 따라 강가까지 왔으나 양씨의 의복만 보일 뿐 사람은 흔적조차 찾을 수 없었다.

정씨는 하는 수 없이 정처 없이 사방을 떠돌아 다녔다. 어느 날 정씨는 시장에서 점을 치는 노인으로 변장한 우신雨神 백용후白龍侯를 만났다. 정씨의 사정 이야기를 들은 백용후는 그를 동쪽 바다 깊은 곳에 있는 그의 집으로 초대하였고, 어떻게 하면 정씨를 도울 수 있는지에 대해 상의하였다. 정씨는 아내의 금비녀를 우신에게 주어 아내인 양씨를 찾을 수 있는 증거물로 삼도록 하였다. 그리고 우신은 정씨와 함께 용궁으로 가서 용왕을 알현하고 꼬리 없는 작은 용왕의 죄를 낱낱이 고해 받쳤다. 결국 용왕은 꼬리 없는 작은 용왕을 불러 죄를 묻고 그를 궁하窮河47)로 유배 보내 버렸다. 이렇게 하여 양씨와 그의 남편인 정씨는 우신의 도움으로 서로 다시 만나게 되었고, 양씨와 꼬리 없는 작은 용왕과의 사이에서 낳은 아이는 작은 용왕이 데리고 가게 하였다. 꼬리 없는 작은 용왕이 궁하로 길을 떠나던 날에 뱀, 지네, 물고기, 새우 등 쟁강의 수족이 모두 나와서 그를 배웅하였다.

---

47) 베트남 북쪽 변경에 위치한 양산諒山 지역에 있다.

구락국의 안양왕과 금거북

구락국甌貉國48)의 안양왕安陽王은 원래 파촉巴蜀사람이었으며, 성은 촉蜀이고 이름은 반泮이었다. 그의 선조가 웅왕雄王의 여식인 미랑媚娘과 혼인하고자 하였으나 웅왕이 이를 허락하지 않자 이에 원한을 품었다. 반泮은 그 앙갚음을 하고자 군대를 일으켜 웅왕을 공격하여 문랑국文郎國을 멸망시켰다. 그리고 국호를 구락甌貉으로 고치고 왕이 되었다. 그런데 이상하게도 월상越裳49)의 땅에 성을 쌓기만 하면 곧 무너져 내렸다. 이에 왕은 제단을 쌓고 목욕재계한 후에 천하의 모든 신께 기도를 올렸다.

3월 초이렛날에 한 노인이 동쪽의 성문에 이르러 탄식하며 말하였다.

"이렇게 성을 쌓아 언제 다 쌓을 수 있으려냐!"

---

48) 고대 중국의 촉나라 왕자 안양왕安阳王이 3만 명의 병사를 거느리고 베트남 북부 홍하지역에 구락국甌骆国을 건립하였다고 한다.
49) 진한秦漢시기 베트남 북부의 월인越人을 부르던 명칭이다.

이 말을 듣고 왕이 기뻐하며 노인을 궁전 안으로 맞아드리고 예를 올린 후에 물었다.

"이 성은 쌓기만 하면 무너져 내립니다. 아무리 공력을 쏟아 부어도 성을 쌓을 수 없으니 도대체 어찌된 일입니까?"

노인이 대답하였다.

"장차 청강사淸江使가 와서 왕과 함께 쌓으면 성을 완성할 수 있을 것입니다."

말을 마친 노인은 하직하고 떠났다.

이튿날 왕이 동문에 나가 보니 한 마리의 금거북이 동쪽에서 오는 것이 보였다. 물 위에서 서기도 하고 능히 사람의 말을 알아듣기도 하며, 스스로를 청강사라고 불렀다. 그리고 천지간의 음양과 귀신의 일을 훤히 알고 있었다.

왕이 기뻐하며 말하였다.

"이것이 바로 노인께서 내게 일러준 것이로구나!"

그는 즉시 금거북을 수레에 태워 성으로 맞아들인 후 성을 쌓지 못하는 까닭에 대해서 물었다.

그러자 금거북이 대답하였다.

"이 산의 정기에 죽은 문랑국 왕자의 혼이 붙어 복수할 기회를 노리고 있으며, 천년 묵은 흰 닭이 요괴로 변해 칠요산七曜山 속에 숨어 있습니다. 게다가 산속에는 귀신이 있는데, 바로 전대의 악공이 이곳에 묻혀 귀신이 된 것입니다. 그 근처에 여관이 하나 있어서 사람들이 오고가며 그곳에서 숙박을 합니다. 여관 주인의 이름은 오공悟空이라 하며, 그에게는 흰 닭을 키우는 딸이 하나 있습니다. 이 흰 닭은 바로 요괴가 화한 것으로 왕래하는 사람들이 그곳에서 숙박을 하면 온갖 형상으로 변해 그들을 해쳐 죽은 자가 아주 많습니다. 지금 흰 수탉이 여관 주인의 딸을 처로 삼고 있습니다. 만일 수탉을 죽인다면 그 요괴를 멸할 수 있습니다. 그렇지만 그 요괴는 양기를 모아서 요서妖書를 입에 물고 있는 올빼미로 변한 후에 전단나무로 날아가 천제께 성을 무너뜨려 달라고 간청을 할 것입니다. 신이 그 입에서 요서를 물어 떨어뜨릴 것이니 왕께서 신속하게 그것을 거두어 들이면 성을 완성하실 수 있을 겁니다."

금거북은 왕을 길 가는 행인으로 가장하게 하여 그 여관에 묵도록 하고 자신을 문틀 위에 놓아두도록 하였다. 여관 주인 오공이 말하였다.

"이 여관에 요괴가 있어 밤마다 나타나 사람을 죽입니다. 오늘은 날도 아직 저물지 않았으니 손님께서는 속히 떠나십시오. 재워드릴 수가 없습니다."

왕이 웃으며 대답하였다.

"죽고 사는 것은 하늘의 명에 달려 있으니 귀신이 어

찌할 수 있단 말이오? 나는 두렵지 않소이다."

그리고 왕은 바로 여관에 유숙하였다.

밤이 되자 귀신이 밖에 와서 소리쳤다.

"누가 있어서 빨리 문을 열지 않는 게냐?"

이에 금거북이 호통을 치며 말했다.

"문을 닫았는데 네가 어쩔 거냐?"

귀신이 불을 지르고 여러 형상으로 변신해 온갖 괴이한 일을 저지르며 무서움에 떨도록 만들었지만 끝내 안으로 들어갈 수는 없었다. 닭이 울 때가 되자 귀신의 정령이 흩어져 돌아갔다. 금 거북은 왕과 함께 귀신의 뒤를 밟아 칠요산七曜山까지 쫓아갔지만 요괴들이 이미 모두 숨어버려 왕은 어쩔 수 없이 여관으로 돌아오고 말았다.

날이 밝자 여관 주인은 숙박한 사람들의 시신을 치우고자 다른 사람과 함께 왔는데, 왕이 유쾌하게 웃으며 말하는 모습을 보고 얼른 절을 올리고 말했다.

"손님께서 이렇게 무사하신걸 보니 필시 성인이신 것 같습니다."

여관 주인은 왕에게 그의 신술로 백성들을 구해 줄 것을 간청하였다.

왕이 그의 말에 대답하였다.

"너의 집에 있는 흰 닭을 죽여 제사를 올리면 요괴의 정령이 모두 흩어질 것이다."

여관 주인이 그의 말대로 흰 닭을 죽이자 딸도 바로 그 자리에서 쓰러져 죽었다. 이어서 왕은 명령을 내려 칠요산을 파게 하였는데, 그곳에서 옛날 악기와 악공의 유골이 나왔다. 유골을 화장하여 흐르는 강물에 뿌렸다. 날이 곧 저물려고 하였다. 왕이 금거북과 함께 월상산越裳山에 올라보니 요괴는 이미 다리가 여섯인 올빼미로 변해 요서를 입에 물고 전단나무 위에 올라가 있었다. 금 거북도 쥐로 변신해 그 뒤를 쫓아가서 올빼미의 다리를 물자 올빼미는 그만 요서를 땅에 떨어뜨리고 말았다. 왕이 신속하게 달려가 요서를 거두어 보니 요서는 이미 절반쯤이나 좀이 먹어 있었다. 이후로 요괴가 완전히 사라졌다.

마침내 성을 쌓기 시작한지 보름 만에 성을 완성하였는데, 성의 둘레가 천여 장이나 되었고, 구불구불한 모양이 마치 우렁이 형상처럼 보인다고 하여 나성螺城이라고 불렀으며, 또한 사용성思龍城이라고도 하였다. 당나라 사람들은 곤륜성崑崙城이라고도 불렀는데, 성이 높다고 해서 붙여진 이름이다.

금거북은 머문 지 3년이 되자 그만 하직하고 돌아가려고 하였다. 왕은 감사를 표하며 말했다.

"그대의 은혜를 입어 성을 완성했습니다만, 앞으로 만일 외적이 침입해 온다면 어떻게 막아야 한단 말이오?"

금거북이 이에 대답하였다.

"나라의 성쇠와 사직의 안위는 하늘의 명에 달렸지만 사람이 능히 덕을 닦는다면 연장할 수 있습니다. 왕께서 원하는 것이 있다면 어찌 제가 아끼겠습니까?"

금거북은 발톱을 뽑아 왕에게 주며 말했다.

"이 발톱으로 쇠뇌50)를 만들어 적을 향해 쏘면 걱정하지 않아도 될 겁니다."

금거북은 말을 마치고 동해로 돌아갔다. 왕은 고로皐魯에게 명령을 내려 쇠뇌를 만들고 금 거북의 발톱을 발사 장치로 부착하여 이름을 영광금귀신기노靈光金龜神機弩라고 하였다.

후에 조趙나라의 왕 타佗가 군대를 일으켜 남침하여 왕과 교전하게 되었다. 이에 왕이 신기노神機弩를 적군에게 발사하자 타의 군대가 대패하여 추산鄒山으로 달아나 진을 치고 대치하다가 더 이상 싸울 수 없음을 알고 강화를 요청해 왔다. 왕은 기뻐서 소강小江 이북의 땅은 타가 통치하는 것을 허락하고 그 이남은 왕이 통치하였다.

오래지 않아 타가 그의 아들을 위해 구혼을 해 왔다. 왕은 뜻밖에도 딸 미주媚珠를 타의 아들 중시仲始에게 시집보냈다. 중시는 미주를 꾀어 신기노를 훔쳐 오게 한 후 몰래 가짜 발사 장치를 금거북의 발톱과 바꾸어 놓았다. 그리고 거짓으로 북쪽으로 가서 부모

---

50) 활의 일종이다.

님을 뵙고 오겠다고 하면서 말했다.

"부부의 정도 서로 잊을 수 없지만, 부모님에 대한 정을 끊을 수는 없구료. 내가 본국으로 돌아가 있다가 만일 양국에 불화가 생기면 남북으로 떨어질 텐데, 장차 내가 당신을 찾을 때 무엇으로 신표를 삼으면 좋겠소?"

미주가 대답하였다.

"아녀자로서 이처럼 이별을 하게 되니 슬픔의 감정을 누를 길이 없습니다. 신첩이 거위털로 만든 비단요가 있는데 항상 제가 머무는 곳마다 가지고 다니면서 깃털을 뽑아 갈림길마다 표시를 해둘 것이니 바라옵건대 그것을 보고 저를 만나러 오시기 바랍니다."

중시는 금거북의 발톱을 가지고 귀국하였다. 조왕 타는 금거북의 발톱을 얻자 크게 기뻐하며, 바로 군대를 일으켜 안양왕을 공격하였다. 왕이 신기노를 믿고 바둑을 두며 태연자약하게 웃으며 말하였다.

"조왕 타가 신기노가 두렵지 않은가 보군."

타의 군대가 다급하게 몰려오자 왕이 쇠뇌를 발사하도록 하였으나 금거북의 발톱을 이미 도둑맞은지라 왕도 어쩔 수 없이 도망치는 수밖에 없었다. 왕은 미주를 말 뒤에 태우고 남쪽으로 도망을 갔다. 그러나 중시가 거위털을 보고 추격해 왔다. 왕이 바닷가에 이르자 길은 끊어지고 바다를 건널만한 배도 보이지 않았다. 왕이 큰 소리로 부르짖었다.

"왕이 죽게 되었는데, 청강사는 어디 있단 말이오? 속히 나와서 나를 구해주오."

금거북이 바닷물 속에서 솟아나와 꾸짖으며 말했다.

"말 뒤에 탄 공주가 바로 적입니다."

왕은 이에 칼을 뽑아 미주의 목을 베려하자 공주가 말했다.

"제가 반역을 저질러 부친을 해하고자 하였다면 작은 티끌이 되게 하소서! 만일 충성스럽고 효성스러웠지만 다른 사람에게 속아 이렇게 되었다면 죽어서 주옥珠玉이 되게 하시고 이 원수를 갚게 해주소서!"

미주의 피가 바다로 흘러 들어가 조개가 마시자 진주로 변하였다. 왕은 7촌 길이의 문서文犀51)를 잡고 금거북은 물길을 열어 왕을 바다 속으로 인도해 갔다. 세상에 전하기를 연주군演州郡 고사사高舍社 야산夜山이 바로 그 곳이라고 한다. 타의 군대가 이곳에 이르렀으나 아무 것도 보이지 않고 오직 미주의 시체만이 있을 뿐이었다. 중시가 미주의 시체를 안아 나성螺城으로 돌아와 장례를 치루자 옥석玉石으로 변하였다. 미주의 죽음에 중시가 애통해 하다가 미주

---

51) 아름다운 무늬가 있는 무소뿔을 가리킨다.

의 환영을 보고는 우물에 몸을 던져 죽고 말았다. 후인들이 동해에서 건져 올린 진주를 이 우물의 물로 씻으면 더욱 광채가 났다고 한다. 그래서 미주의 이름을 피해 진주를 대구大玖 혹은 소구小玖로 일컫는다고 한다.

찾아보기

(ㄱ)

가포	163
각해	56
개벽신	56
개재	162
거신의 발자국	57
거인산	22
걸나	23
경	138
경기	48
경양왕	127, 189
경어	55
경인	42, 43, 46
경족	78, 107, 140
경천주	61
계림	195
고	70
고면인	41, 43
고산대왕	94
곡물의 시원	62
곤	70
곤륜성	215
공강	205
공로산	22
공하	206
괄특	70
교룡	98
교지	195
구두산	122
구락국	211
구만수	122
구자지가	96
구진	195
구희	129, 196
귀각산	159
금구산	95
금수	100, 138
금안산신	94
금영	202
기궁하	88
기명	129

(ㄴ)

나성	215
낙읍	193
난폭대왕	183

남월	165	막농족	140
남조	68	만구	122
낭기	55	만구수	122
녕해	195	만물	21, 22, 145
노강	132	망어	55
노용	41	망인	46, 48
노인	43, 45	맥용군	120
노청	41	맹마집	152
녹속	127, 189	머리 없는 신	84
뇌공	82	명제	189
		목면수	50
		묘엄국	155

(ㄷ)

다복	202	묘인	41, 43
달악	42	묘회	128
달악인	40	무녕	195
달의 여신	79	무선	189
당촌	53	문랑	195
대구	219	물고기 정령	119
대의인	41, 43	미후국	155
델라이 왕	177	민 처녀	106
도송	61		
도안	61	(ㅂ)	
동천왕	198	바람신	84
동촌	48	반고	95, 154, 157
		반무	157

(ㄹ)

락롱권	177	반얀 나무	179
		발	87
		배촌	48, 53
(ㅁ)		백용미도	122
막농	138	백의만	124

백정	155
백태	41
번려지	46
범랑	143
베트남	44
보뢰산	69
보선	84
복록	195
봉주	1236, 194, 200
북두	68
불도경	120
비두락	156
비위산	90
비음	156
비의 신	84, 108

(ㅅ)

사계절	45, 160, 190
사상	56
사용성	215
사인	48
산원산	75
삼형제	27, 34
상	195
상아죽	202
색당	41, 138
색당인	41
색당족	140
서녕	57
서호	125

석문산	22
선단수	126
선림	83
선수	36
선유현 부동향	200
선인	35
소구	219
소력강	123
소용후	131
쇠뇌	216
수관	48
수부	121, 129, 189
수신	33
수원	45
숭람	189
승용성	123
신계	111
신마	37
신의 파도	78
신조	83
십수왕	155
십차왕	155
쌍둥이 형제	68
씨아	143

(ㅇ)

아공	205
아괴	80
아매	136
아오	136

알단모	40	용수	47, 172
애덕	43	용안수	53
애덕인	41	용족	114
애수화	116	용편성	124, 132
야차	121	우문	114
양산	88	운교	42
양서류	32	운교인	41
양천	195	웅왕	75
어우꺼	177	월상	195, 211
여와	56	월상산	215
여우의 정령	123	육해	195
연월	45	윤년	47
열모할머니	50	은나라	198
염제 신농씨	188	의안성	94
영광금귀신기노	216	이위	203
영남 백월	195	인류의 시초	62
영평	164	일남	195
오강	53	임	47
오령	188		
옥화	75	(ㅈ)	
옥화공주	77	잡기	128
옹개	55	잡내고원	142
옹근	55	장산산맥	156
왕촌	48	쟁강	208
요	52	적귀국	127, 189
요서	213	절기	45
요왕	157	점	138
요인	41, 43	점인	71
용군	188	점족	140
용대산	191	정사	155
용문	114		

정왕	95	치우	190
제류	97	칠요산	213
제류신	160		
조롱박	39	(ㅋ)	
조수	65	카사바	42
조왕신	143		
주연	195	(ㅌ)	
중고	143	타강	132
중국인	71	타열	45
지과반통감	156	탁록	192
지룡	90	태백신	130
직녀	147	태양신	34
진정	195	태양의 딸	34
징벌대왕	94	태어	55
		태인	41, 43, 48
(ㅊ)		토산	90
창광마	127	토지신	23, 44, 90
창촌	48	토지용신	88
책인	41, 43		
천구	112	(ㅍ)	
천둥신	82, 183	파나	138
천병	112	파나인	41
천신	22, 112	파나족	140
천재	84	파초	40
천제	22, 85	파촉	154, 195, 211
천주산	22	포나	43
첨융	45	폭포수	115
청강사	212		
청개구리	26		
청화성	95		

(ㅎ)

하강	53
하정	57
한류	107
해의 여신	79
향랑	129
헌원	192
혁나	138
혁나족	140
호	70
호모포륵산	40
호산	52
호손정	154
호손정국	154, 195
호시담	125
호촌	125
혼돈상태	45
홍하	132
화소촌	202
화신	86
회환	195
흑점	34
흑태	41
흑파산	57
홍화	114

임진호

초당대학교 국제어학원장 및 교수.
광주·전남 베트남교민회 고문.

주요 저서
『신화로 읽는 중국의 문화』, 『문화문자학』
『해양문화와 사회』, 『갑골문의 발견과 연구』, 『문학과 부자』
『길 위에서 만난 공자』 등 다수의 저역서와 논문.

용의 후예
베트남의 신화와 전설

2014년 03 월 28 일 초판 1쇄 발행

지은이 ‖ 임진호
표지디자인 ‖ 유선주 디자인
펴낸곳 ‖ 도서출판 지성인
펴낸이 ‖ 엄승진
주 소 ‖ 서울 영등포구 여의도동 11-11 한서빌딩 1209호
메 일 ‖ Jsin2011@naver.com
연락주실 곳 ‖ T) 02-761-5915 F) 02-6747-1612
ISBN ‖ 978-89-97631 93910

정 가 ‖   16,000 원

잘못 만들어진 책은 본사나 구입하신 곳에서 교환하여 드립니다.
이 책은 저작권법에 의해 보호를 받는 도서이오니 일부 또는 전부의 무단 복제를 금합니다.